존 뮤어 걷기 여행

존 뮤어 걷기 여행

초판 1쇄 인쇄	2014년 10월 22일
초판 1쇄 발행	2014년 10월 29일

지은이	김 영 준		
펴낸이	손 형 국		
펴낸곳	(주)북랩		
편집인	선일영	편집	이소현, 김아름, 이탄석
디자인	이현수, 신혜림, 김루리, 추윤정	제작	박기성, 황동현, 구성우
마케팅	김회란, 이희정		
출판등록	2004. 12. 1(제2012-000051호)		
주소	서울시 금천구 가산디지털 1로 168, 우림라이온스밸리 B동 B113, 114호		
홈페이지	www.book.co.kr		
전화번호	(02)2026-5777	팩스	(02)2026-5747

ISBN	979-11-5585-381-8 03940(종이책)
	979-11-5585-382-5 05940(전자책)

이 도서의 국립중앙도서관 출판예정도서목록(CIP)은 서지정보유통지원시스템 홈페이지(http://seoji.nl.go.kr)와
국가자료공동목록시스템(http://www.nl.go.kr/kolisnet)에서 이용하실 수 있습니다.
(CIP제어번호 : CIP2014030228)

John Muir Trail

존 뮤어
걷기, 여행

김영준 지음

북랩 **book** Lab

CONTENTS

2013년 7월 23일
아침 6시 30분 기상 | 아침 기온 8도 | 낮 기온 26도

2013년 7월 24일
아침 6시 30분 기상 | 아침 기온 5도 | 낮 기온 25도

2013년 7월 25일

새벽 4시 30분 기상 | 아침 기온 10도 | 낮 기온 26도

에필로그 · 184

존 뮤어의 길을 꿈꾸다

'존 뮤어의 길'이 있다는 것을 알게 된 것은 8년쯤 전의 일이다. 처음의 갈망은 '존 뮤어'가 아니고 '산티아고'였다. '카미노 데 산티아고' 세상에 그런 성스러운 길이 있구나. 베르나르 올리비에와 파울로 코엘료가 걷고 김남희가 걸었던 길. 그 길을 걸으면 나의 삶도 과연 그들처럼 극적으로 변화하게 될까?

산티아고의 길을 알고 난 직후부터 나는 그곳에 가 보고 싶다는 뜨거운 소망을 품게 되었다. 알지 못하는 자는 꿈꿀 수 없지만, 알게 되면 갈망하게 되고, 갈망은 꿈을 잉태하기에 이른다. 매일 산티아고 길이 시작되는 남프랑스의 '생장피드포르'로 달려갈 궁리를 하며 자료를 찾아보고 책을 읽고 인터넷을 검색했다.

그러던 중에 나는 이 세상에 '산티아고의 길' 말고도 아름답고 멋진 길들이 참 많이 존재한다는 사실을 새로이 알게 되었다. 히말라야의 멋진 산길들을 비롯하여 호주의 그레이트 오션 워크, 뉴질랜드의 밀포드 트렉, 페루의 산타크루즈 트레일과 마추픽추를 찾아가는 잉카트레일, 스코틀랜드의 웨스트 하일랜드 웨이, 스웨덴의 쿵스레덴, 캐나다의 웨스트 코스트 트레일 등등.

그중에서 유난히 나의 마음을 사로잡은 곳이 바로 미국 서부의 시에라네바다 산맥을 가로지르는 '존 뮤어 트레일'이었다. 혹자는 세계 3대 트레

존 뮤어 걷기 여행

일 중의 하나로 꼽기도 하고, 히말라야나 알프스와는 비교가 되지 않는 아름다움이 있다고도 하고, 이 세상의 모든 아름다운 풍경을 다 간직한 풍경의 종합선물세트라고도 예찬하는 아름다운 길이다. 무엇보다도 야생 그대로의 대자연 속을 직접 텐트와 배낭을 메고 야영을 하며 걷는 길이라는 사실에 완전히 매료되었다.

하지만 시간이 문제였다. 700km가 넘는 산티아고 길을 종주하기 위해서는 한 달이 넘는 시간이 필요하듯이, 존 뮤어 길도 358km에 이르는 긴 길로서 종주를 위해서는 최소한 20일의 시간이 필요하다는 사실에 선뜻 길을 나설 엄두를 낼 수가 없었다. 그렇게 꿈만 품은 채 몇 년의 시간을 흘려보내며 오랜 기다림과 염원으로 애태우다가 이번에 비로소 나는 존 뮤어의 길을 여행하고 오게 되었다. 비록 7박 8일의 짧은 여정이었지만.

매일매일 걸을 때마다 눈앞에 펼쳐지는 풍경이 달라졌다. 자고 나면 오늘은 과연 어떤 풍경을 만나게 될지 무척이나 마음이 설레곤 했다. 거대한 바위 봉우리가 웅장하게 버티고 서 있는가 하면, 울창한 소나무들이 숲을 이루었고, 숲길 사이로 개울물이 흐르다가 어느 순간 거대한 호수가 되어 앞을 가로막았다. 드넓은 초원이 평화롭게 펼쳐지다가 고도를 높이면서는 만년설이 녹아내리는 바위와 너덜 길로 풍경이 바뀌었다. 아침 햇살에 반짝이는 초원의 풀잎들은 강물 위를 일렁이는 물안개와 겹치며 지극히 평화롭고 신비스런 풍경을 연출하기도 했다. 가히 선경이었다.

그 아름다운 길을 5일 동안 온 마음과 힘을 모아 걷고 또 걸었다. 내게 허락된 최대한의 시간으로, 내가 걸을 수 있는 최대한의 거리를 걸으며 완전한 방전과 완벽한 충전, 비움과 채움을 거듭한 행복한 걷기 여행이었다.

존 뮤어는

'존 뮤어 트레일(JMT)'은 존 뮤어가 직접 개척한 길은 아니고, 후대 사람들이 자연을 사랑했던 그의 업적을 기리기 위해 길을 만들고 붙인 이름이다. 존 뮤어는 칼뱅교 교도였던 대니얼 뮤어의 맏아들로 1838년에 스코틀랜드에서 태어났다. 종교의 자유를 꿈꾸던 아버지를 따라 1849년, 그의 나이 11살에 미국으로 이민을 오게 된다.

밭을 일구며 농장 일에 매진하던 존 뮤어는 스물두 살이 되던 1860년에 자신의 발명품을 들고 농업박람회에 참가한 것을 계기로 삶의 전환점을 맞는다. 이후 대학에서 공부하며 식물학과 화학에 눈을 뜨게 되고, 기계공과 발명가로서의 삶을 살아가던 중 1867년부터 비로소 탐험가의 길로 나서게 된다.

그해, 존 뮤어는 "가장 거칠고 숲이 울창한 길, 사람의 발길이 닿지 않은 길"을 찾아 하루에 40km씩 총 1,600km가 넘는 거리를 여행한다. 플로리다를 거쳐 쿠바까지 여행한 뮤어는 이어 캘리포니아의 시에라네바다 지역을 돌아보고 그 경이로운 아름다움에 반하여 요세미티에 머물면서 식물과 파충류, 곤충 그리고 그곳의 지형과 지질을 연구하게 된다.

"산은 우리 마음속으로 들어와 열정에 불을 지핀다. 또한 온몸을 전율케 하고 털구멍과 세포 하나하나에 생기를 불어넣는다." 숲에 머물며 연구를 거듭한 그는 마침내 요세미티 계곡의 지질학적 형성 비밀을 밝혀낸다. 고대의 빙하가 유구히 흘러내리며 절벽을 만들고 호수를 파내고 골짜기 지형을 만들었음을 입증해낸 것이다.

뮤어는 금광 개발과 벌목으로 서부의 산림지대가 훼손되자 이를 지키기 위해 1892년 비영리 민간 환경운동단체인 '시에라 클럽(Sierra Club)'을 만들고 초대 회장에 취임한다. 샌프란시스코에 본부를 둔 이 단체는 세계에서 가장 오래된 환경운동단체의 하나로 오늘날 전 세계에 수백 개의 지부를 두고 있으며, 65만 명이 넘는 회원 수를 자랑한다.

북아메리카 지역뿐만 아니라 전 세계의 환경을 보전하기 위해 현재도 여전히 환경 운동에 앞장서고 있다. 탐험 프로젝트와 교육 프로그램을 후원하고, 환경과 관련된 공공정책의 입안과 결정에 적극적으로 영향력을 행사한다. 손잡이가 달린 다용도 그릇을 '시에라 컵'이라고 부르는 것도 이 단체에서 기금을 마련하기 위해 제작, 보급한 데서 비롯된 것이다.

말년에 뮤어는 그의 인생 대부분을 서부 삼림지대의 보호에 힘을 쏟았다. 뮤어는 루스벨트 대통령을 설득하고 미국 의회에 탄원해 1899년에 '국립공원제정법'을 통과시켰으며, 이 법 덕분에 요세미티와 세쿼이아 국립공원이 탄생하게 된다. 그의 저작 활동과 신문 투고는 그랜드캐니언이 국립공원으로 지정되는 데도 크게 이바지했다. 과학자이자, 작가, 발명가, 등산가였으며 몽상가이기도 했던 존 뮤어는 '국립공원의 아버지' '자연보호 운동의 선구자'로 불리며 오늘까지 널리 추앙받고 있다.

그의 업적을 기념하기 위해 '시에라 클럽' 회원들이 주축이 되어 1938년, 요세미티에서 시에라네바다 산맥을 거쳐 휘트니 산에 이르는 348km(216마일)의 산길을 만들었는데, 그 길이 바로 세계 3대 트레일 중 하나로 손꼽히는 '존 뮤어 트레일(John Muir Trail)'이다. 해발 2,000m에서

4,000m 사이의 능선을 오르내리게 되는 이 길은 그 안에 수많은 호수와 계곡, 빙하지대와 푸른 초원, 그리고 만년설이 쌓인 설산을 품고 있으며, 완전히 종주하는 데는 20일 정도가 소요된다.

이번에 나는 요세미티에서 '레즈 메도우(Reds Meadow)'라는 곳까지 100km 남짓의 길을 5일 동안 걷는 '구간 종주'를 하고 돌아왔다. 전체 트레일의 약 3분의 1에 해당하는 거리이다. 보통의 종주자들은 7일간에 걸쳐서 걷는 거리이지만, 들고나는 길이 여의치 않은 데다가 시간의 제약이 있는 나로서는 5일 안에 여정을 끝마쳐야만 했다. 그 5일 동안 먹을 식량과 연료를 모두 등에 짊어지고 걸어야 했으니 대단한 노역이 아닐 수 없었다. 게다가 중간중간 시행착오를 겪으며 길을 잘못 드는 바람에(B급 전문 용어로 '알바') 매일 20km 이상, 평균 10시간을 오롯이 걸어야만 했던 힘겨운 여행이었다. 다행히 별다른 사고 없이 무사히 여행을 마칠 수 있었음에 감사하고, 끝까지 잘 버텨준 나의 두 다리와 무릎에 찬사를 보낸다.

사실 여행을 떠나기 전에 많은 망설임이 있었다. 종주를 하기 위해 필요한 20일간의 긴 휴가를 낼 수 있는 형편이 되지 않았기 때문이다. 그것이 8년의 시간을 기다림으로 허송해야 했던 까닭이기도 했다. 지금도 '존 뮤어 트레일'에 대한 일반인의 인지도는 낮은 편이지만 예전과는 달리 TV의 산 관련 다큐에서 '존 뮤어 트레일'에 대해 소개하는 방송을 내보내면서 존 뮤어에 대해 알고 있는 사람들이 점차 늘어나고 있는 중이다. 그렇듯 TV 방송의 영향력은 실로 대단한 것이다. 나의 경우에도 다큐 프로를 통해 존 뮤어 길의 경이로운 대자연을 접하고 나서는 그 길을 정말로 걷고 싶다는 열망에 불이 붙고 말았다.

전환점은 눈높이를 낮추고 생각의 방향을 달리하면서 찾아왔다. "꼭 종주를 해야 하는가?" "그냥 내가 낼 수 있는 단 일주일의 시간만이라도 존 뮤어의 길을 여행할 수는 없을까?" 사실 미국까지 멀리 시간을 내서 간 김에 종주를 하고 온다면 얼마나 좋겠는가? 그러나 종주만을 고집하면서 시간을 낼 수 없기 때문에, 여건이 되지 않기 때문에 여행을 먼 훗날로 미루고만 있는 것은 또한 얼마나 어리석은 일인가? 젊음이 있고 열정이 넘치는 "지금, 오늘 그 길을 걷자." 결국 그 결심은 백번 옳은 결정이었다.

내가 지금 이 책을 쓰고 있는 이유도 그렇게 시간 때문에 용기를 낼 수 없는 많은 사람들에게 '존 뮤어 트레일'을 이렇게 여행하는 법도 있다는 것을 알려주고 싶기 때문이다. 직장인들이 이십 일의 시간을 내는 것은 엄두가 안 나는 일이지만 일주일 정도의 시간은 어찌어찌하면 확보할 수 있지 않겠는가? 가고 오는 길에 허비하는 이틀의 시간을 아까워하지 말자. 실제로는 단 5일을 걷는 여정일 뿐이지만 그 짧음을 아쉬워하지 말자. 단 5일간의 걷기 여행만으로도 그 아름다운 길 위에서 느끼는 경이로운 감동은 어느 긴 세계여행에서 얻는 즐거움 못지않게 강렬할 것임을 확언한다.

우리에게 필요한 것은 떠나고자 하는 의지와 용기이다. 삶은 떠남을 통해 완성된다. 버스가 왔는데 탈까 말까 망설이다가 결국 타지 못하고 정류장에 덩그러니 남겨지는 우를 범하지 말자. 언제까지 우물 안만 맴도는 개구리 인생을 살 것인가? 가끔은 운명에 모든 걸 맡기고 훌쩍 떠나보자. 이리 재고 저리 재다 보면 아무것도 할 수 없다. 모든 조건이 완벽하게 갖추어질 때까지 기다려 본다지만 그런 날은 결코 오지 않는다.

인생은 짧다. 이 책을 읽고 있는 지금 이 순간이 당신이 존 뮤어로 떠나기로 결심할 운명적 순간이다. 설령 예기치 못한 일들로 고생을 하게 되더라도 그것이야말로 여행의 진정한 묘미 아니겠는가? 결국 우리 인생의 마지막에 남는 건 여행지에서 건진 몇 장의 사진과 몇 조각의 추억뿐이다. 누가 더 멋진 인생을 살았는지는 '누가 더 많은 추억을 쌓았는가?', '얼마나 더 다양한 콘텐츠로 인생을 채웠는가?'로 판가름 나게 될 것이다.

그러나 '존 뮤어 트레일(JMT)'은 가고 싶다고 그냥 무턱대고 쉽게 갈 수 있는 그런 곳은 아니다. 하루에 입장할 수 있는 인원수를 엄격하게 제한하고 있기 때문이다. 트레킹을 떠나려면 6개월 전에 필히 예약을 해두어야만 한다. 미리 미리 계획을 세우고 차근차근 일을 진행해 나가도록 하자. 가겠다고 마음을 먹고 나면 준비해야 할 일들이 있다. 책 뒷부분의 여행 팁에 자세하게 적어놓았으니 참고하면 좋겠다.

존 뮤어 트레킹은 요세미티 국립공원에서부터 시작할 수도 있고, 거꾸로 휘트니 산 입구에서부터 출발할 수도 있다. 대부분은 고도를 서서히 높여가는 북에서 남쪽으로의 트레킹을 선호한다. 멕시코 국경지대에서 출발하여 캐나다 국경에 이르는 퍼시픽 크레스트 트레일(Pacific Crest Trail, PCT) 여행자들은 보통 남쪽에서 북쪽으로 길을 걷는다고 한다. PCT는 4,285km에 이르는 긴 종주 길로 캘리포니아 주, 오리건 주, 워싱턴 주를 관통하며 아홉 개의 산맥과 사막과 황무지를 건너야 하는 극한의 종주 길이다. 그 일부 구간이 존 뮤어 트레일과 겹치기도 한다.

존 뮤어 걷기 여행

우선은 동료를 구하는 것이 급선무였다. 히말라야는 혼자서도 충분히 갈 수 있는 곳이다. 히말라야는 산길이 아니라 마을과 마을을 잇는 동네 길이기 때문이다. 걷다 보면 마을이 있고 사람이 살고 산장이 존재한다. 하지만 존 뮤어 트레일은 광활한 자연 위에 펼쳐진 미지의 산길이다. 인 적이 드문 오지이며, 나무와 바위와 곰과 사슴이 주인인 야생의 땅이다. 어떤 위험을 겪게 될지 알 수 없는 곳이다. 하여 함께 길을 걸으며 위험 을 헤쳐 나갈 동료가 필요했던 것이다.

여행은 동행이 맛이라고 했다. '언제, 어디를' 가느냐도 중요하지만 '누구 와 함께' 가느냐가 여행의 즐거움을 좌우하는 더 큰 요소이다. 혼자서는 웃을 일이 없다. 혼자 웃고 있으면 실없는 사람 취급받기 십상이다. 웃음 은 서로 던지고 받아치는 재치 있는 유머와 농담에서 비롯된다. 그래서 마음이 맞는 사람과의 여행을 원하게 된다. 좋은 사람들과 함께하는 여 행은 그 무엇보다 재미가 있다. 말 한 마디 한 마디에 웃음꽃이 피어난다. 많이 웃는 사람이 행복한 사람이다. 행복해지고 싶다면 많이 웃어야 한 다. 인생 최고의 재미는 여행이다. 여행은 떠남 그 자체만으로도 흥분과 설렘을 일으킨다. 사람은 누구에게나 재밌게 삶을 살아갈 권리가 있다.

▲ 좌측부터 박 원장님, 신 단장님, 필자, 이주택 씨

세 명의 동료를 규합했다.

신재식 단장님. 은행 지점장을 끝으로 명예퇴직을 하시고 지금은 유유자적 은퇴 생활을 즐기고 계신 분이다. 나이는 65세로 우리 중에 제일 연장자시지만, 오랫동안 운동과 산행으로 다져진 체력이 젊은이들 못지않으시다. 지금도 산에서는 신 단장님의 주력을 따라잡기가 힘들 정도다. 내가 몸담고 있는 마라톤 모임을 처음에 주동하고 창단하신 까닭에 지금까지도 단장님으로 불리신다.

박익수 원장님. 인천에서 개업하고 계신 내과 개원의이다. 등산과 자전거 타기를 좋아하고 매주 플루트 레슨을 받고 있을 정도로 음악을 좋아하는 풍부한 감성의 소유자이다. 샌프란시스코의 한 대학 병원에서 2년 정도 연수 생활을 하신 적이 있어 영어 회화에 능통하다. 존 뮤어 트레일

존 뮤어 걷기 여행

에 대해서는 그 명성을 익히 알고 있어서 진즉부터 한 번 가 보고 싶어 하시던 차에 트레킹 계획에 대한 소문을 듣고는 덥석 미끼를 물게 되셨다고 한다.

마지막으로 이주택 씨. 시골에서 소꼴 베고 나무하며 자란 우직함에, 한때 마도로스 생활을 하며 쌓은 다양한 경험 덕에 뛰어난 생존 능력을 자랑한다. 임기응변에 뛰어나고 불 피우기, 집 짓기, 낚시 등 못하는 게 없는 재주꾼이다. 구수한 입담까지 갖추고 있어 한 번씩 웃음을 뻥 터트리는 재주가 있다. 현재는 산업용 보일러 엔지니어링 회사의 상무로 재직 중이다.

모두 여행을 좋아하고 운동을 좋아하는 분들이고, 내가 다니고 있는 구민체육센터 아침 조기 수영클럽의 핵심 멤버들이기도 하다. 우리는 평소에도 자주 산행을 함께 하지만 이번 존 뮤어 트레킹에 대비해서 두 번에 걸쳐 따로 특별 비박산행을 실시했다.

한 번은 대금산 잣나무 숲에서 비박하고 약수봉과 깃대봉을 잇는 능선을 종주했고, 또 한 번은 고대산 정상에서 비박한 후 지장산까지 일곱 시간을 걷는 종주산행을 시행했다. 비박 짐을 무겁게 지고 산을 오르내리며 능선을 타는 일이 쉽지는 않았지만 체력을 다지고 서로 간에 호흡을 미리 맞춰보는 의미 있는 시간들이었다.

비행기 표를 비롯한 모든 예약 관련 사항들이 순조롭게 진행되었다. 육 개월간의 길고 지루했던, 그러면서 무척이나 설레던 기다림의 시간이 지나가고 출발일이 일주일 앞으로 다가왔다. 자료 정리를 다시 하고, 신영철 씨의 책 『걷는 자의 꿈, 존 뮤어 트레일』도 다시 꺼내 읽어본다. 산행을 구체적으로 계획하는 데는 영국의 CICERONE 출판사에서 발간한 『THE JOHN MUIR TRAIL』이 많은 도움이 되었다(CICERONE은 세계 거의 모든 트레일에 대한 단행본 가이드북을 발간하고 있는 대표적인 영국의 여행 출판사이다).

항공편은 싱가포르 에어라인을 이용했다. 항공료가 저렴하기도 했고, 비행기 출발 시간이 토요일 오후 5시 50분이라 토요 진료를 마치고 바로 출발할 수 있다는 장점이 있었다. 공교롭게도 출발 2주 전에 우리가 가려는 샌프란시스코 공항에서 아시아나기가 불시착하는 사고가 발생했다. 갑작스러운 사고 소식에 두려운 마음도 들었지만 그렇다고 여행을 포기할 수는 없는 일이었다. 사고 소식을 듣고 바로 여행자 보험을 드는 것으로 마음에 조금의 위안을 삼는다.

자, 이제 모든 준비는 끝났다. 떠나자. 세상은 책과 같다고 했다. 다람쥐 쳇바퀴 돌듯 반복되는 삶은 책의 같은 쪽만 계속 반복해서 읽는 꼴이다. 이곳저곳 새로운 세상을 여행하며 거기서 살아가는 다양한 사람들과 신기한 풍물들, 아름다운 자연을 만나고 체험하는 것이 세상을 읽는 것이고 삶이 풍요로워지는 길이다. 매일 반복해서 읽던 페이지는 과감히 넘겨 버리고 이제 다음 페이지로 용감하게 책장을 넘겨보자.

비행기가 알피엠을 최대로 끌어 올리고 있다. 이제 곧 이륙하겠다는 승무원의 안내방송이 이어진다. 비행기가 도약하기 직전엔 늘 긴장되고 겁이 나다가, 비행기가 땅을 박차고 막 이륙하는 순간에야 비로소 미지의 세계를 향해 날아가는 자유와 해방을 느끼게 된다. 그 도약의 공포를 극복하지 못한다면 우리는 어디로도 갈 수 없을 것이다. 삶에는 모든 것을 내려놓고 과감하게 도약해야 할 순간이 있다.

지금 내 머릿속은 몇 시에 어디에 도착해서 무엇을 하고, 다시 몇 시에 어디로 향할 것인지가 설계도면처럼 짜여 있다. 마치 미드 '프리즌 브레이크'의 스코필드가 모든 계획을 완벽하게 설계해서 몸에 새긴 것처럼. 여행을 떠나기 전엔 항상 지도와 각종 자료, 후기들을 통해서 완벽하게 여행지의 지형을 파악하고 이동 경로를 확인해둔다. 위성 지도를 통해 실물 지형을 눈에 익히는 것은 기본이다. 그것이 나의 오랜 여행 습성이다.

어떤 순서로 여행을 진행하고 동선을 짜야 즐거움이 극대화될 수 있을지를 미리 파악하는 것은 여행이 내게 낸 문제이고 숙제이다. 그 숙제를 차근차근 풀면서 하나씩 답을 얻어가는 즐거움은 이만저만 큰 것이 아니다. 상황에 따라 어떤 변수가 생길 가능성이 있는지까지 미리 파악하고 플랜 B의 대책을 세워두기도 한다. 마치 제갈공명이 상황을 미리 예측하고 세 개의 주머니를 준비하는 것처럼. 상황이 여의치 않다면 빨간 주머니를 펼쳐보아야만 할지도 모른다.

이번 여행은 비행기로 날아가서 산행 들머리까지 접근하는 데 하루, 다시 샌프란시스코로 돌아오는 데까지 꼬박 하루가 걸리는 먼 여행길이다. 다행히 샌프란시스코에 사촌동생이 살고 있어 공항에서 요세미티까지 이동할 때 많은 도움을 받을 수 있었다. 그가 없었다면 차량을 렌트하는 수밖에 없었을 것이다.

샌프란시스코에서 요세미티를 왕복하는 관광셔틀버스도 있지만, 보통 아침에 출발하는 관계로 오후 1시 넘어 공항에 도착하게 되는 우리로서는 시간이 맞지 않았다. 시간이 하루 정도 더 여유가 있다면 도착 당일은 샌프란시스코에서 하루 자고 다음 날 관광셔틀버스를 이용해서 요세미티로 들어가는 방법도 있을 것이다. 대중교통을 이용하자면 버스를 타고 기차역으로 가서 기차를 타고 '머시드(Merced)'라는 도시로 이동한 후 다시 버스로 갈아타는 복잡한 연계 과정을 거쳐야 한다. 시간을 딱딱 맞추어야 하므로 쉽지 않은 여정이 될 것이 뻔하다.

존 뮤어 걷기 여행

비행기는 예정시간보다 40분 정도 지나서 공항에 도착했다. 사촌동생 에릭이 공항에 나와서 우리를 픽업해 주었다. 통 만나 보기 힘든 미국인 이종사촌을 존 뮤어 여행을 빌미로 만나게 된다. 에릭은 미국인과 결혼한 막내이모의 맏아들이다. 샌프란시스코 근교에 있는 에너지 관련 회사에 다니고 있다. 거의 십 년만의 상봉이다. 샌프란시스코 공항에서 요세미티까지는 차로 대략 네 시간 정도가 소요된다. 원래 2인승 스포츠카를 몰고 다니는 에릭은 이번 여행을 위해 사륜 SUV를 가지고 있던 친구와 하루 차를 맞바꾸었다고 한다. 산더미 같은 배낭 네 개를 싣고도 공간에 여유가 있다.

공항을 미끄러지듯 빠져 나간다. 공항이 도시의 남단에 자리 잡고 있어 시내를 거치지 않고 바로 하이웨이로 접근할 수 있는 장점이 있다. 차안에는 기특하게도 미리 부탁한 가스연료 외에 음료수와 간단한 먹거리까지 준비되어 있었다.

처음에는 공항에 도착하는 대로 차를 급히 몰아 5시까지 요세미티 공원 월더니스 센터에 도착하겠다는 계획을 세웠었다. 그러나 비행기가 연착하는 바람에 계획이 조금 틀어지고 만다. 세 시간 만에 요세미티에 도착하는 것은 아무래도 무리가 있다. 좀 더 여유를 가지고 천천히 움직이기로 계획을 수정한다.

차창 밖으로 스치는 풍경들이 이국적이다. 바다를 가로지른 긴 다리 하나를 건너자 이내 광활한 들판이 펼쳐진다. 지평선 끝에는 흰 구름이 걸쳐 있고, 머리 위에서는 뜨거운 태양이 이글거리고 있다. 과연 캘리포니아의 태양이다. 계절은 여름의 절정을 향해 치닫고 있는데 들판은 철 지난 가을처럼 누렇기만 하다. 비가 오지 않아 다 말라버린 것일까? 아니면 태양이 너무 뜨거워 다 타버린 것일까? 그래도 듬성듬성 무리를 이루고 서 있는 몇 그루의 나무들만은 초록의 향연이다. 한참을 달리자 이번엔 이름 모를 과실수들이 끝도 없이 이어진다. 눈앞에 펼쳐지는 비현실적인 풍경에 입이 떡 벌어진다. 우리와는 규모에 있어 차원이 다른 넓은 땅덩어리다. 저걸 어떻게 다 관리하지?

도중에 주유소 휴게소에 들러 잠시 휴식을 취한 우리는 6시를 조금 넘긴 시각에 요세미티 국립공원에 도착할 수 있었다. 좀 더 안쪽으로 진입

존 뮤어 걷기 여행

해서 요세미티 밸리의 커리 빌리지(Curry Village) 주차장에 차를 세우고 '캠프 커리' 안의 식당에 들러 우선 저녁부터 해결하기로 한다. 월더니스 센터(Wilderness Center)에 들러 확정 퍼밋을 받는 일은 다음 날 아침에 일찍 하기로 미루었다. 확정 퍼밋을 발급받는 수속은 잊지 않고 반드시 거쳐야만 한다.

저녁식사를 마친 후 에릭과 작별인사를 나누었다. 여기까지 온 김에 같이 하루 야영하기를 권했지만 내일 일이 있어 돌아가야만 한단다. 오랜만에 요세미티에 와 보니 어릴 적에 가족들과 캠핑하던 추억이 되살아난다며 무척 좋아했다. 머지않은 시간에 기회가 되면 다시 와 보고 싶다고 한다.

아쉬운 작별을 하고 짐을 챙겨서 우리는 오늘 밤을 보낼 우리 야영 자리를 찾아 나섰다. 서머타임 기간이라서인지 저녁 8시가 넘었는데도 날이 아직 훤하다. 오늘 우리가 하룻밤을 보내게 될 곳은 로우어 파인스 야영장(LOWER PINES)이다. 이 야영장 자리를 예약하기 위해 무척 기민하게 움직이며 작전을 펼쳤었다. 미국 사람들도 여름휴가 기간에는 요세미티에서 가족과 함께 야영하며 보내는 것을 좋아하기 때문에 야영장 사이트 하나를 확보하려면 치열한 예약 전쟁을 치러야 한다. 원하는 날짜의 4개월 전 '15일'이 디데이이다. 이날 정각 7시에 예약 사이트가 오픈된다. 우리나라 지리산 산장을 예약하는 방식과 비슷하다. 보통 이삼 분 안에 예약이 끝나버린다고 한다.

존 뮤어 걷기 여행

▲ 석양에 황금빛으로 서서히 물들어가는 하프 돔의 위용

　처음엔 지레 겁을 먹은 탓에 야영장 예약을 포기하고 '커리 빌리지 (Curry Village)'에 방 두 개를 예약했었다. 커리 빌리지는 천막으로 된 막사 안에 침대를 들여놓은 간이 숙소로 일 년 전부터 예약이 가능하다. 나중에 운 좋게도 '야영장 예약하기' 도전에 성공하여 커리 빌리지의 예약은 취소를 했다. 다행히 미리 취소를 해서인지 따로 수수료를 물지는 않았다. 나중에 알고 보니 존 뮤어 트레일 예약 퍼밋을 가진 백패커들은 따로 Backpackers' Campsite가 있어서 이곳에서 예약 없이도 하룻밤을 유숙할 수 있는 특권이 있다고 한다.

　캠프 사이트는 각 자리마다 번호가 큼지막하게 매겨져 있어 헤매지 않고 비교적 쉽게 예약한 자리를 찾을 수 있었다. 레인저 사무실엔 오늘 밤 모든 자리의 예약이 이미 끝났다는 쪽지가 붙어 있고, 불이 꺼진 채 문이 굳게 닫혀 있었다. 과연 성수기는 성수기인 모양이다. 주말이라 더 그럴 것이다. 우선 우리 자리에 텐트를 치고 짐을 정리한 후 근처 화장실 밖에 설치된 수돗가에서 간단히 땀을 씻어냈다. 한낮의 열기가 아직 채 식지 않아서인지 밤 시간인데도 날씨가 후텁지근했다. 좀 씻고 나니 몸과 마음이 개운해진다.

▲ 숲 속의 열기가 느껴지는 낭만적인 캠프의 밤

널찍널찍 떨어진 각각의 캠프 사이트엔 가족끼리 와서 모닥불을 피우고 캠핑을 즐기는 사람들로 제법 떠들썩하다. 기타를 치고 노래를 부르며 화음을 맞추는 팀들도 있고, 맥주를 마시며 와자지껄 이야기꽃을 피우는 그룹도 있다. 평화롭고 자유분방한 분위기가 마음에 든다. 각 나라와 민족마다 독특한 문화들이 있겠지만, 인류 모두의 마음속엔 또한 공통되는 보편적인 정서가 있지 않을까? 자연의 품에 안겨 하룻밤을 지내

존 뮤어 걷기 여행

는 낭만 같은 것 말이다.

밤 9시가 넘어서고 있지만 기온이 섭씨 20도를 상회한다. 생각했던 것보다 춥지 않은 기온이다. 오히려 덥다는 느낌이 들 정도다. 한낮의 열기가 아직 식지 않은 탓일까? 훈훈한 바람이 귓불을 스치고 지나간다. 기분 좋은 온기이다. 밤에는 추울 것으로 생각했었는데 전혀 예상 밖이다.

▲ 별이 빛나는 밤. 하늘엔 북두칠성이 선명하다

하늘엔 북두칠성을 위시하여 수많은 별들이 반짝이고 있다. 지난여름, 잣나무 숲 속에 누워 나무들 사이로 바라보던 밤하늘이 문득 떠오른다. 장엄하고 정밀한 아름다움이었다. 아무리 뛰어난 시인이라도 저 밤하늘이 주는 감동을 완벽하게 표현할 수는 없을 것이다. 인간의 언어에는 한계가 있고, 우리의 재주는 대자연의 신비로움에 비하면 너무나 보잘 것 없기 때문이다.

요세미티의 밤이 깊어간다. 밤이 깊어갈수록 별빛은 밝아진다. 우리는 선뜻 잠을 이루지 못하고 맥주 캔을 기울이며 낯선 나라에서의 첫날밤을 토닥였다. 이제 사위는 모두 어둠에 물들었다. 밤이 이슥해지면서 야영장에 정적이 찾아든다. 웃고 떠들던 야영객들도 이제 모두 잠자리에 든 모양이다. 자기 전엔 남은 음식물들은 반드시 철제 곰통에 보관해야만 한다. 그렇지 않으면 곰에게 봉변을 당할 수도 있다. 레인저가 자리마다 순시를 돌며 뒷마무리가 잘 되었는지를 점검하고 다닌다. 이윽고 구름 사이로 보름달이 휘영청 떠오른다. 한국에서도 익히 보던 낯익은 달이다. 달님도 우리를 따라 요세미티로 여행을 온 것일까? 내일부터는 본격적인 존 뮤어 걷기 여행이 시작될 것이다.

존 뮤어 걷기 여행

비박의 세계

비박을 '비 맞고 밖에서 자는 잠'을 뜻하는 한자로 알고 계신 분들도 계시지만, 원래 비박(Biwak)은 군대가 야영할 때 경비병이 밤을 지새우는 bi(주변)와 wache(감시하다)에서 유래한 독일어입니다. 프랑스어로는 비브악(Bivouac)이라고도 하지요. 등산 도중 예기치 못한 상황이 발생했을 때 한데서 노숙을 하는 것을 말합니다. 요즘은 처음부터 비박 산행을 목적으로 배낭을 메고 오지의 산을 찾는 백패커들이 많아지고 있습니다.

제가 처음 비박의 세계를 접하게 된 것은 2005년 여름 지리산에서입니다. 그해 여름 지리산 '음양수'에서 첫 비박을 하며 느꼈던 신선한 감동은 지금까지도 뇌리에 깊이 남아 있습니다. 아마도 그 느낌을 잊지 못해 계속해서 비박을 즐기고 있는지도 모르겠습니다. 지리산 세석산장 아래 위치한 '음양수'라는 곳은 큰 너럭바위를 가운데 두고 오른쪽과 왼쪽. 즉 음수와 양수가 흘러나와 한곳에 합수된 샘물을 말합니다. 그 음양수 너럭바위 위에 누워 밤하늘에 총총히 떠있는 별들을 바라보던 감동을 잊을 수가 없습니다. 바람은 또 어찌나 거세게 불던지. 길게 꼬리를 물고 떨어져 내리던 유성우들하며. 그날 밤 저는 윤동주 시인이 '오늘밤에도 별이 바람에 스치운다'라고 읊었던 그 감성을 온몸으로 체득했습니다. 그리고 밤을 지새우며 우주적 존재로서의 나를 인식하게 되죠. '내가 이 광대한 우주 은하계의 한 행성에서 하나의 존재로 숨 쉬며 살아가고 있구나.'

그다음 벅찬 비박의 감동을 맛보았던 곳이 바로 연인산 잣나무 숲입니다. 지금은 비박지의 메카로 알려져서 아주 붐비는 곳이 되어버렸지만 2005년 당시만 해도 아주 호젓한 공간이었답니다. 쭉쭉 뻗어 오른 거대한 잣나무들 사이로 찬란하게 퍼져 나가는 아침 햇살을 바라보던 순간의 충만감은 이루 말할 수 없는 감동이었지요. 새들의 노랫소리를 들으며 눈부신 아침 햇살과 함께 숲 속의 잠에서 깨어나는 그 광경은 실로 TV의 광고방송에서나 보던 비현실적인 장면이었습니다.

지금은 비박이 불법으로 규정되면서 국립공원이나 도립공원에서의 비박은 꿈도 꿀 수 없게 되었습니다. 심지어는 산장 근처에서 관행적으로 허용되던 비박도 지금은 완전히 금지된 상태입니다. 규정을 아주 엄격하게 적용하고 있으며 산장 예약이 되어 있지 않으면 예외 없이 강제적으로 하산을 시킨다고 합니다. 하지만 국립공원 외의 지역에서는 조금은 자유롭게 비박이 행해지고 있습니다. 월간 『산』에서도 맞춤한 막영지들을 특집으로 소개하고 있는 실정입니다.

알파인 스타일(Alpine style)의 산행을 지향하는 비박은 모든 짐을 차에 싣고 가서 즐기는 오토캠핑과는 전혀 개념을 달리합니다. 자급자족할 수 있는 짐을 스스로 지고 가야 하기 때문에 결국은 짐의 무게를 줄이는 것이 관건입니다. 어떡하든 무게를 최소화한 경량의 장비들이 필요하죠.

일단은 대형 배낭이 있어야 합니다. 가볍고 튼튼하고 자기 몸에 잘 맞는 배낭이면 좋겠지요. 중소형 배낭은 브랜드별로 기능에 있어 크게 차별점이 없지만, 대형 배낭은 무게 배분 등의 기술적인 부분에서 정교한 인체공학적인 설계를 필요로 합니다. 현재 '그레고리'와 '미스테리 랜치'라는 회사에서 나오는 배낭이 추천할 만합니다. 여름에는 45리터 정도의 배낭도 가능하지만 60리터 정도의 용량은 되어야 넉넉하게 짐들을 수납할 수 있습니다. 겨울에는 갖춰야 할 장비가 많아지기 때문에 최소 70리터 이상은 되어야 원활하게 장비들을 수납할 수 있습니다. 배낭 겉에 주렁주렁 매달기보다는 모든 장비들을 배낭 안에 깔끔하게 수납하는 것이 안전을 위해 좋습니다.

침낭은 계절별로 몇 개의 침낭을 따로 갖추는 것이 좋습니다. 저는 얇은 여름용 침낭과 우모 함량 700g의 춘추용 침낭, 그리고 우모가 1,200g 들어간 동계용 침낭, 이렇게 세 종류를 가지고 있습니다. 아무래도 합성섬유보다는 천연 우모가 들

존 뮤어 걷기 여행

어간 침낭이 가볍고 우수한 성능을 발휘합니다. 예전에는 외제품들을 선호했지만 요즘은 국산 회사인 '다나'나 '준우'에서 나오는 제품들도 좋은 품질을 가지고 있어서 캠퍼들로부터 많은 사랑을 받고 있습니다.

비박의 스타일에 따라 다양한 형태의 사이트를 구축할 수가 있습니다. 기본은 텐트입니다. 마찬가지로 가볍고 설치가 쉬운 텐트가 좋습니다. 텐트를 고를 때 가장 중요하게 고려해야 하는 사항이 바로 무게입니다. 경량일수록 가격이 비싸지지만 여기저기 발품을 팔고 인터넷에서 손품을 판다면 합리적인 가격으로 좋은 제품을 장만할 수 있을 것입니다. 일인용 비비색도 좋은 대안입니다. 단순한 방수 침낭 커버만으로도 비박을 즐길 수 있지만 머리 부분의 공간을 확보할 수 있는 비비색을 갖춘다면 우천 시에도 훨씬 쾌적한 비박을 할 수 있습니다. 요즘은 해먹을 이용한 비박이 인기입니다. 해먹이라고 해서 그냥 망사 그물이 아니고 텐트처럼 바람도 막을 수 있고 모기장 시설도 갖춘 진화된 형태의 해먹입니다. 바닥이 평평하지 않아도 기둥 두 개만 있으면 설치가 가능하기 때문에 훨씬 열악한 상황에서도 비박을 즐길 수가 있습니다.

비박을 할 경우에는 기본적으로 바닥의 더러움과 냉기를 막을 수 있는 은박돗자리, 즉 그라운드 시트가 필요하고 그 위에 깔 매트가 있어야 합니다. 매트 역시 냉기를 막아주고 바닥의 울퉁불퉁함을 극복하게 해 주죠. 발포매트가 싸고 좋지만, 요즘은 수납이 간편한 에어매트가 인기입니다. 튼튼한 에어매트가 있으면 웬만한 바닥의 요철에도 상관없이 쾌적하게 잘 수가 있습니다. 하늘을 가릴 타프가 있다면 비비색이나 침낭 커버 없이도 비와 이슬을 피할 수가 있습니다. 타프는 사각 형태가 기본이지만 오각형, 육각형 등 변형된 형태로도 나와 있습니다.

다음은 취사 장비가 필요합니다. 화력은 휘발유 버너가 좋지만 무겁고 소음이 심해서 겨울 이외에는 거의 사용하지 않습니다. 요즘에는 겨울에도 위력을 발휘하는 가스버너들이 나와 있어서 휘발유 버너의 효용성이 점점 떨어지고 있습니다. 가스버너는 최근 기술이 발전하면서 아주 앙증맞은 형태의 소형 버너들이 많이 출시되고 있습니다. 보고 있으면 감탄사가 나올 정도죠. 바닥에 열판을 깔고 바람막이를 세워서 열의 손실을 막아주면 겨울에도 무리 없이 사용할 수가 있습니다.

그 밖에 코펠과 캠핑용 프라이팬을 갖춰야 하고 가벼운 캠핑 의자와 좀 더 우아한 식사를 원한다면 야외용 간이 테이블도 있으면 좋습니다. 땅바닥에 음식물을 늘어놓는 것보다는 테이블에 상차림을 하면 훨씬 보기 좋고 편리합니다. 의자도 최근 다양한 형태로 신제품들이 나오고 있습니다. 간단히 접어지는 사각 낚시의자가 기본이지만 수납이 쉽게 우산살처럼 접어지는 삼각의자도 있고 아예 해체하고 조립할 수 있는 기능성 의자도 있습니다. 헤드랜턴은 반드시 챙겨야 하는 기본 장비이고 세우거나 매달 수 있는 야외용 등도 갖추면 유용합니다. 그 밖에 물을 담아둘 수낭(Water bag)과 수저 세트, 다용도 칼, 시에라 컵 등이 필요합니다.

비박에서 가장 신경 써야 할 부분이 보온입니다. 산속에서는 아무래도 도시에서보다 기온이 떨어지게 마련입니다. 여름에는 덜하겠지만 시월만 되도 산속은 체감온도가 영하로 떨어지곤 합니다. 흔히 '우모복'이라 불리는 구스다운 재킷이 필수입니다. 우모복은 정말 기술의 승리라 할 수 있습니다. 부피에 비해 아주 가벼울 뿐만 아니라 패킹을 하면 아주 작아지는 요술을 부립니다. 보온 효과도 뛰어나기 때문에 비박 시에는 반드시 가져가야 합니다. 알아두어야 할 사항은 이 옷은 평상시, 운행 시에 입는 옷이 아니라 멈추어서 휴식을 취할 때나 밤에 산속에서 생활할 때 꺼내 입어야 하는 비상복의 개념이라는 것입니다.

비와 악천후에 대비한 방풍 재킷이나 고어텍스 재킷도 갖추어야 합니다. 아무리 날씨가 좋다고 예보되어 있어도 산중 날씨는 종잡을 수가 없습니다. 항상 악천후에 대비하는 것이 좋습니다. 실제로 예보에도 없는 비를 만나는 경우가 종종 있습니다. 그럴 때 비에 전혀 대비되어 있지 않다면 아주 곤란한 지경에 빠질 수도 있습니다. 비를 맞으며 우중산행을 해야 한다면 바지위에 덧입는 오버 트라우저도 갖추어야 하고, 바지 밑단에 차는 스패츠가 있으면 신발 안으로 빗물이 스며드는 것을 막을 수가 있습니다.

존 뮤어 걷기 여행

겨울에는 방한 털모자. 방수 보온장갑 그리고 다용도의 버프나 복면처럼 머리에 쓰는 바라크라바를 갖추어야 합니다. 손난로 즉 핫팩이 있으면 도움이 됩니다. 우모가 들어간 텐트 슈즈가 있으면 겨울에 발 시림을 막을 수 있습니다. 밤에 잘 때 끓인 물을 담은 물병을 침낭 발아래 넣고 자면 보온 효과를 볼 수 있습니다. 돌을 달구어 호일이나 수건으로 싸서 발아래 넣고 자는 것도 추위를 피할 수 있는 한 방법입니다.

장비가 갖추어졌으면 이제 비박을 떠나볼까요. 비박지는 크게 두 가지 타입으로 나눌 수 있습니다. 첫 번째는 아늑한 잣나무 숲이고, 두 번째는 산의 정상부에 전망대로 조성된 나무 데크입니다. 가까운 곳에서 물을 구할 수 있는 곳이라면 금상첨화겠지요.

바닥이 평평한 숲 속이라면 어디서라도 비박을 할 수 있겠지만 보다 좋은 환경에서 쾌적한 비박을 원한다면 단연 잣나무 숲이 최고입니다. 기품 있게 솟아오른 잣나무 숲은 보기에도 좋고 덤으로 그윽한 잣나무 향도 제공합니다. 바닥엔 두텁게 잣나무 낙엽이 쌓여있어 푹신하고 모기나 벌레도 상대적으로 적습니다. 모기가 잣나무 향을 싫어한다고 하더군요. 예전에 화전민들의 집터였던 곳을 정비하고 잣나무를 심은 경우가 많기 때문에 의외로 넓은 공간을 갖춘 잣나무 숲들이 산재해 있습니다. 대표적인 곳이 서리산이나 축령산의 잣나무 숲이지만 사유지라서 지금은 주민들이 사용료를 받고 통제를 한다고 합니다.

북풍한설이 몰아치는 겨울철에는 바람을 피할 수 있는 아늑한 잣나무 숲을 선호하게 되지만 그 밖의 시즌에는 정상부에 위치한 나무 데크를 즐겨 찾게 됩니다. 시원한 조망과 쾌적한 환경을 제공하기 때문이지요. 요즘은 지자체에서 산을 가꾸고 정비하면서 데크를 많이 만들어놓아 비박꾼들에게는 좋은 비박터가 되고 있습니다.

대표적으로 고대산 정상의 데크를 예로 들 수 있습니다. 우리 존 뮤어 팀도 이번 존 뮤어 걷기 여행을 떠나기 전에 고대산 정상의 데크에서 하룻밤 비박을 하며 팀

워크를 다졌습니다. 이곳은 대중교통을 이용한 접근성이 좋고 이백 평이 넘는 너른 공간이면서 막힘이 없는 일망무제의 조망을 가지고 있어 하룻밤을 보내기에 더 없이 멋진 곳입니다.

비박을 하며 맛있는 음식을 만들어 먹고, 밤하늘의 별을 바라보고, 새벽 운무에 휩싸이거나 찬란한 아침 햇살을 맞이하는 경험은 경이로운 체험입니다. 하지만 반드시 지켜야 하는 비박인의 수칙이 있습니다. 바로 흔적을 남기지 않는 것입니다. L.N.T.(Leave No Trace) 쓰레기 남기지 않기입니다. 아니온 듯 가시옵소서! 다녀간 흔적을 완벽하게 지우는 것. 밥풀 하나, 부스러기 하나 남기지 않고 모두 싸가지고 내려오는 것. 그것이 비박인의 도리입니다. 이것을 지키지 못하면 앞으로 비박인들이 설 자리는 점점 좁아질 것입니다. 이 점만 명심한다면 오지의 자연 속에서 우주를 벗하며 하루를 보내는 비박은 삶에 멋진 낭만이 되어줄 것입니다.

존 뮤어 걷기 여행

2013년 7월 21일

아침 6시 기상 ｜ 아침 기온 20도 ｜ 낮 기온 32도

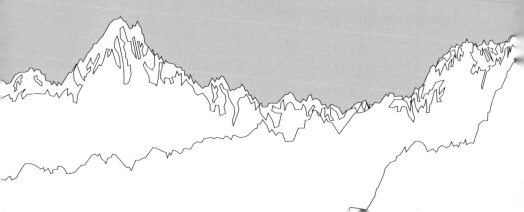

▲ 요세미티에서 보낸 첫날밤 잠자리를 정리하는 중

날이 밝았다. 첫날밤을 텐트 안에서 보내기는 했지만 그다지 야영을 한 기분이 나지는 않는다. 모닥불도 피우지 않았고, 밥도 직접 해 먹지 않았기 때문일 것이다. 다행히 시차 문제는 별로 느껴지지 않았다. 오후에 도착해서 낮 시간을 정상적으로 생활하고 순리대로 밤에 잠자리에 들었기 때문이 아닐까 싶다. 그런데 어쩐 일인지 신 단장님 얼굴이 편안해 보이지 않는다. "잘 주무셨어요?" "응, 아니. 간밤에 곰을 봤어." "네, 곰이라고요?" 간밤에 소피가 마려워 새벽녘에 화장실에 갔다가 나오면서 곰

존 뮤어 걷기 여행

과 마주쳤다는 것이다. 얼마나 놀라셨는지 허겁지겁 줄행랑을 치다가 엎어지고 넘어지고 난리가 아니었다고. 가까스로 정신을 차려 보니 거기가 어딘지도 모르겠고 우리 자리를 찾지 못해 한참을 헤매셨다고 한다. 그런 줄도 모르고 우리는 쿨쿨 잠만 잘 잤으니. 정말 곰이 있긴 있구나!

▲ 아침 식사를 마치고 산행 들머리인 '해피 아일'을 향해 가는 중

아침 식사도 커리 빌리지의 식당에서 우아하게 해결했다. 이 식당은 아침 7시부터 문을 연다. 우리의 계획은 일찍 밥을 먹고 산행 들머리로 이동해서 8시부터 문을 연다는 해피 아일(Happy Isles)의 레인저 사무실에서 확정 퍼밋을 취득한 후 바로 산행을 시작하는 것이었다. 월더니스 센터는 커리 빌리지에서 공원 바깥쪽으로 나가는 길에 있고, 해피 아일 레인저 사무실은 산 들머리의 바로 입구에 있었기 때문에 해피 아일 쪽으로 가는 게 낫겠다고 생각한 것이다. 그러나 일이 처음부터 꼬이기 시작한다. 해피 아일 입구에 가 보니 레인저 사무실은 9시 30분부터 오픈이라는 것이다. 이런 낭패가……. 처음부터 우왕좌왕이다. 어제 조금 일찍 도착해서 미리 깔끔하게 일을 처리했더라면 아침에 산뜻하게 트레킹을 시작할 수 있었을 텐데…….

우리는 한 시간 삼십 분을 그저 흘려보내기가 아까워 셔틀버스 정류장에 배낭을 내려놓고 존 뮤어 길 탐색전에 나섰다. 미스트 트레일(Mist Trail)을 따라 버날 폭포(vernal Fall) 갈림길까지만 한번 가 보려는 것이다. 사실 왕복 한 시간 삼십 분이 체력이 충만한 아침 시간에는 별것 아니지만 나중에 체력이 고갈될 것을 고려했다면 푹 쉬면서 에너지를 충전하는 것이 더 나을 뻔했다는 생각이 든다. 오후에 체력이 떨어지면서 힘에 부칠 때는 아침 상황이 많이 후회스러웠다.

9시 30분이 되어 해피 아일 사무실에 들른 우리는 다시 한 번 아연실색하고 만다. 퍼밋 관련 수속과 곰통 대여는 월더니스 센터에서만 한다는 것이다. 분명 자료집에는 월더니스 센터뿐만 아니라 공인된 모든 사무실에서 수속을 받을 수 있다고 나와 있는데, 뭔가 해석을 잘못한 모양이다. 우리는 하는 수 없이 셔틀버스를 타고 요세미티 밸리의 입구에 위

존 뮤어 걷기 여행

치한 윌더니스 센터로 다시 이동해야만 했다. 나중에 알고 보니 우리가 처음에 방문했던 곳은 사실 레인저 사무실도 아니고 정확히는 Happy Isles Nature Center 라는 곳이었다.

 윌더니스 센터는 아침 8시부터(7월과 8월에는 7시 30분부터) 문을 여는 것이 맞았다. 그냥 식사 후에 바로 이곳으로 올걸, 하는 후회가 밀려온다. 출력해간 예약 메일을 제시하고 확정 퍼밋을 건네받았다. 레인저로부터 국립공원에서 지켜야 할 각종 수칙에 대한 설명을 듣고 곰통을 일인당 하나씩 대여한 후 다시 셔틀버스를 타고 원점으로 돌아오니 시간은 벌써 11시가 다 되어 가고 있었다. 휴! 힘이 쭉 빠진다. 세 시간이나 늦어진 출발이다. 첫날은 조금 일찍 걷기를 마치고 푹 쉴 작정이었는데 처음부터 일이 꼬이는 바람에 마음이 급해진다.

▼ 존 뮤어 여행자들은 반드시 이곳 윌더니스 센터에 들러 확정 퍼밋을 받아야만 한다.

△ 드디어 첫발을 내딛다

▲ 길 곳곳에 서있는 철판을 음각한 안내 표지판이 이색적이다. 글씨가 지워질 염려는 없을 듯하다.

▼ 버날 폭포로 가는 길과 존 뮤어 트레일의 갈림길, 우측이 JMT이다.

"자자, 괜찮습니다. 문제없어요. 힘냅시다!" 격려의 구호를 외치고 힘차게 출발이다. 우여곡절 끝에 존 뮤어 대장정의 첫발을 드디어 내딛는다. 이 구간은 하프 돔을 오르려는 당일 산행객들과 폭포 구경을 나온 관광객들로 제법 붐비는 길이다. 약간은 가파른 경사 길을 1마일(1.6km)쯤 올라가면 첫 번째 갈림길이 나타난다. 왼쪽은 계곡을 따라 버날 폭포에 이르는 길이고, 우측이 존 뮤어 길이다.

두 길은 4km쯤 지나 결국 다시 합쳐진다. 보통 하프 돔만 오르는 일반 관광객들은 버날 폭포 길로 올랐다가 존 뮤어 길로 하산하는 루트를 택한다고 한다. 우리는 망설임 없이 오른쪽의 존 뮤어 트레일(JMT)로 들어섰다. 우리는 머나먼 이국에서 벼르고 별러 날아온 존 뮤어 여행자들이 아닌가!

요세미티 공원의 해발고도는 1,200m이고, 셋째 날 우리가 넘게 되는 최고점인 도나휴 패스(Donahue Pass)는 고도가 3,352m이므로 대략 2,100m 정도의 고도차가 난다. 이 높이를 3일에 걸쳐 오르락내리락하며 오르게 된다. 사실 존 뮤어 길에는 소위 말하는 '깔딱 고개'라는 것이 없다. 모든 가파른 오르막은 지그재그로 올라가는 스위치백 시스템으로 길이 만들어져 있다.

오르막에서는 괜찮은 시스템이지만 내리막에서는 그대로 확 질러서 내려오고 싶은 충동이 여러 번 들곤 했다. 그러나 국립공원 규칙 중의 하나가 절대 '샛길을 만들지 마라!'임을 명심해야 한다. 길이 그렇게 된 것은 아마도 오래전부터 사람이 다니며 자연스럽게 만들어진 길이 아니라 인위적으로 개척한 길이기 때문일 것이다.

▲ 존 뮤어 트레일에 정확히 들어섰음을 알려주는 이정표

▲ 네바다 폭포(Nevada Fall)를 배경으로

존 뮤어 걷기 여행

또 하나의 이유는 말이 다닐 수 있어야 하기 때문이 아닐까 추측해 본
다. 존 뮤어 트레일의 전 구간은 말이 다닐 수 있게 잘 정비된 길이며, 실
제 걷다 보면 여러 차례 말과 조우하게 된다. 길에는 말똥이 즐비하고,
가끔은 김이 모락모락 피어오르는 신선한(?) 말똥을 만나기도 하지만 좋
은 사료만 먹은 덕인지 냄새는 그다지 나지 않는다.

▲ 힘차게 흘러내리는 네바다 폭포

◀ 많은 이들이 이곳 네바다 폭포 상단
부에서 식수를 보충하고 땀을 식힌다.

두 시간 정도 고도를 높이며 용쓴 끝에 네바다 폭포(Nevada Fall)의 상단부에 도착했다. 머시드 호수(Merced Lake)에서 발원한 강물이 이곳에서 깊은 낙차를 타고 시원하게 떨어져 내린다. 사람들은 간만에 만난 휴식처에서 발도 담그고 수영도 즐기며 땀을 식히는 모습이다. 물에 들어가지 말라는 표지판은 어디에도 없다. 왜 우리나라 국립공원은 계곡에 발 담그는 것조차 금지하는 것일까? 전혀 현실성이 없는 조치라는 생각이 든다.

우리도 이곳에서 잠시 땀을 식히며 빈 물통에 식수를 보충해서 채워 넣었다. 계곡물은 워낙 맑아서 사실 그대로 먹어도 될 정도지만 깔끔한 박 원장님은 특별히 준비한 UV 라이트 멸균정수기로 물을 열심히 정수하신다. 항상 만일에 대비해야 한다며.

폭포의 상단에 올라선 후부터 길은 한동안 강줄기를 따라 평탄하게 이어진다. 2시가 되어 '리틀 요세미티 밸리 야영장(Little Yosemite Valley)'에 도착했다. 이곳은 요세미티 밸리를 출발한 후 첫 번째 만나게 되는 공식 야영장으로 이곳에서 야영하기 위해서는 미리 예약을 해 두어야 한다. 여기서 야영을 하고 그다음 날 새벽에 하프 돔에 올라 일출을 보려는 일반 관광객들이 제법 있다고 한다.

우리는 이곳에서 다시 식수도 보충하고 어제 사 두었던 햄버거로 점심을 해결했다. 비록 식어서 딱딱해지기는 했지만 허기를 면하기에는 충분한 열량이다. 점심으로 햄버거를 선택한 이유는 점심 준비를 따로 하는 번거로움도 줄이고 연료 사용도 줄일 수 있는 일석이조의 계산된 전략이었다.

존 뮤어 걷기 여행

▲ 큰 나무들 사이로 난 아름다운 길을 따라 본격적인 트레일이 펼쳐진다.

하프 돔에 오르다

이곳부터 하프 돔 갈림길까지는 두 시간 남짓 힘겹게 치고 올라야 하는 제법 가파른 구간이다. 이 구간에서는 물을 구할 수 있는 곳이 마땅치 않으므로 반드시 출발 전에 물을 충분히 확보해야만 한다. 이날따라 날이 무척이나 무더웠던 관계로 땀을 많이 흘리며 물을 생각 없이 마셔 댄 탓에 결국은 식수가 떨어지는 위기 상황을 맞기도 했다.

요세미티 공원의 랜드 마크라 할 수 있는 하프 돔(Half Dome)은 거대한 바위산으로 사실 존 뮤어 트레일(JMT) 정규 구간에 포함되지는 않는다. 갈림길 지점에서 2마일(3.2km) 정도 안으로 들어가 있어 다녀오려면 왕복 세 시간은 잡아야 한다. 그래도 여기까지 와서 세계적 명소인 하프 돔에 올라보지 않고 그냥 지나칠 수 있겠는가?

▲ 배낭을 벗어두고 가벼운 몸으로 하프 돔으로 향한다.

우리는 배낭을 갈림길에 벗어두고 가벼운 몸으로 하프 돔 공략에 나섰다. 어차피 다시 돌아와야 하고, 그 큰 배낭을 맨 채 바위 언덕을 오를 수는 없는 일이었으므로 배낭을 갈림길에 그냥 놔두고 가기로 했던 것이다. 사람

손을 타는 것보다도 혹시라도 곰이 와서 헤집어 놓을까 봐 조금 걱정이 되었지만, 다행히 아무 일도 일어나지 않았다.

하프 돔으로 향하는 길의 초입은 소나무가 무성한 숲길이다. 이미 오후 4시가 넘어선 탓인지 오고가는 사람들의 발길이 끊어졌다. 1마일쯤 지나고부터 드디어 암반지대가 시작된다. 마침 하산하는 사람이 있어 물어보니 이미 레인저도 철수하고 하프 돔엔 지금 아무도 없다는 것이다.

요세미티 밸리에서 출발해 하프 돔에 올랐다가 당일에 하산을 완료하기까지는 보통 아홉 시간에서 열 시간 정도가 소요되는 제법 긴 산행이다. 당일 산행객은 새벽에 길을 나서 오후가 되기 전에 하프 돔 정상을 찍고 하산을 서두르게 된다. 그러니 네 시가 넘어선 시점에선 인적이 드문 것이 당연했다.

하프 돔에 오르기 위해 일인당 8불씩이나 주고 예약을 미리 했는데 의미가 없어지고 말았다. 하프 돔은 몇 시 이후에는 올라가선 안 된다거나 하는 제한 사항이 없다. 철저히 각자의 책임이다. 다만, 예전에는 마당바위인 하프 돔 정상에서 야영도 했던 모양인데 지금은 야영이 허용되지 않는다고 한다.

깎아지른 듯 솟아오른 하프 돔의 위용

존 뮤어 걷기 여행

처음부터 출발이 늦었고 뙤약볕에 무거운 짐을 지고 산길을 오른 탓에 많이 지치기도 한데다가 물까지 떨어져 다들 무척이나 힘거워했다. 결국 두 명은 중턱에서 경치를 조망한 것으로 만족한 채 하산하고, 이주택 씨와 나는 마음의 각오를 단단히 한 후 하프 돔(2,698m) 정상 도전에 나섰다. 하프 돔 바로 아래의 안부에 도착해서 위를 올려다보니 모골이 송연해진다. 그곳에서 하프 돔 정상까지는 살벌한 경사의 암벽이다.

그 경사진 바위 언덕에 두 개의 철줄이 나란히 설치되어 있다. 용기를 내어 30분간 철줄을 부여잡고 낑낑댄 끝에 마침내 정상에 올라설 수 있었다. 하프 돔 정상은 축구장 절반만 한 크기의 제법 넓은 마당바위를 이루고 있다. 일망무제, 사방 막힘없이 펼쳐진 조망이 정말 장관이다. 고생해서 올라 온 보람이 있다. 아무도 없는 그곳에서 우리 둘은 자유를 만끽하며 추억할 만한 풍경들을 열심히 사진기에 담았다.

그중 가장 인상 깊었던 장면은 요세미티 공원 쪽으로 살짝 혀를 내민 다이빙 보드라고 불리는 곳에 서서 사진을 찍던 순간이다. 지금 생각해도 정말 아찔하기만 하다. 두려움을 극복하고 그 돌출바위 위에 두 팔 벌리고 올라선 순간의 짜릿함이란……

이 세상에 영원한 것은 없다지만, 그럼에도 불구하고 영원을 갈망하게 되는 순간들이 있다. 바로 그 순간이 그랬다. 정말 아름다운 풍광을 만나면 이대로 시간이 멈춰버렸으면 좋겠다거나, 이제 죽어도 여한이 없겠다는 생각이 들기도 하는 것이다. 그런 영원성을 느끼게 하는 순간들을 많이 만난 사람이 진정 인생을 멋지게 산 사람이리라.

절대 잊을 수 없는 영화의 한 장면 같은 영상이다.

하산을 서두른다. 하프 돔을 급하게 내려와 동료들이 기다릴 갈림길로 내달았다. 마침 먼저 내려와 있던 박 원장님이 어디선가 마실 물을 구해다 놓으셨다. 이렇게 고마울 수가! 여기서 가까운 곳에 개울이 흐른다는 것이다.

시간은 벌써 7시를 넘어서고 있었고 심신은 피로감으로 지쳐 있었기에 우리에겐 다른 선택의 여지가 없었다. 오늘 밤은 그곳에서 보내도록 하자. 하프 돔 갈림길에서 500m 정도 전진한 곳에 정말 개울이 흐르고 있고 그 주변으로 벌써 몇몇 야영 팀들이 자리를 선점하고 있었다. 우리는 주변을 탐색한 끝에 길에서 약간 올라선 언덕부에 자리를 정하고 짐을 풀었다. 이제부터 본격적인 야생의 시작이다.

우선 모닥불부터 피웠다. 야영의 하이라이트는 역시 모닥불이다. 돌을 모아 화덕을 만들어 놓은 것을 보면 누군가 전에 이 자리에서 야영을 했던 것이 분명했다. 죽은 나뭇가지들을 모아서 불을 피우니 바짝 마른 나무들이라서인지 불길이 금세 크게 일어난다. 모기를 쫓기 위해서라도 급히 모닥불을 피워야 했다. 주변에 개울이 흐르고 물웅덩이가 있어서인지 모기가 아주 극성이었다. 다행히 모기는 밤 9시를 넘어서자 모두 어디론가 사라져 버렸다. 일과를 마치고 모두 퇴근이라도 한 것처럼. 아주 칼퇴근이다.

불 앞에서 모든 인간은 숭고해지고 순수해지기 마련이다. 불 앞에 다가 앉아 나누는 대화에는 진실과 애정이 담겨 있다. 벽난로 앞에 나란히 앉아 미소로 서로를 바라보는 연인의 눈길을 상상해 보라. 그 안에는 평화와 안식이 어려 있게 마련이다. 나무 타는 냄새는 격앙 되었던 흥분을 가라앉히는 신경안정제이다. 코카인이나 대마초가 작동하는 원리도 비슷하지 않을까? 타닥타닥 나무 타는 소리는 영혼을 진동시키는 울림이다. 잠자던 순수가 깨어나 우리를 어린아이의 마음으로 돌아가게 한다.

모닥불 앞에서 마감하는 숲 속에서의 하루는 축복이다. 존 뮤어는 '산에서 보낸 하루가 몇 수레의 책보다 낫다'고 말했었다. 산에서 하룻밤을 지내는 것은 많은 것을 보고 듣고 느끼게 하고, 많은 것을 생각하게 하고 깊은 감동을 안겨준다. 한 권의 책을 읽으며 얻는 감동, 그 이상이다.

영혼이 아름다워지려면 자주 감동의 물결에 전율해봐야 한다. 자연만큼 우리에게 진한 감동을 주는 것이 또 있을까? 존 뮤어는 일찍이 그것을 깨닫고 시에라네바다 산맥의 자연을 지키기 위해 무던히 애썼던 것이리라. 덕분에 시에라네바다는 야생 그대로의 모습을 오늘날까지 잘 간직하고 있다.

이글거리는 불을 물끄러미 바라보고 있노라니 마치 내가 한 명의 인디언이 된 듯 영혼이 불타오른다. 좋은 밤이다.

▲ 모닥불은 영혼을 진동시키는 마력이 있다.

비박을 즐기는 9가지 방법

비박의 즐거움은 첫째 고독을 맛보는 것에 있습니다. 진정한 비박인이 되기 위해서는 고독을 즐길 줄 알아야 합니다. 오토캠핑의 즐거움은 가족들과 함께, 혹은 다른 야영객들과 어울려 지지고 볶으며 유쾌함을 발산하는 데 있습니다. 한마디로 자연에 나와 즐기는 파티 같은 것이지요.

하지만 오지의 산속에서 즐기는 비박은 뼛속 깊이 스미는 고독을 견디는 나그네의 여정입니다. 슬프고 우울한 외로움이 아니라 스스로 자처한 즐거운 홀로됨입니다. 시끄럽고 어지러운 도시에서 떠나와 고요함과 적막함에 푹 빠져드는 고독의 향연입니다. 혹자는 왜 그런 고생을 사서 하는지 잘 이해가 안 되시겠지만, 한번 맛보고 나면 빠져나가기 힘든 중독을 일으키는 낭만입니다. 그래서 비박을 다니다 보면 점점 더 깊은 산중, 아무도 오지 않는 인적이 드문 곳으로 찾아들게 됩니다.

비박을 하면서 가장 인상 깊은 것은 밤하늘의 별입니다. 도시에서는 한밤중에도 불야성이라 별을 보기가 무척 힘이 듭니다. 하지만 인공의 불빛이 전혀 없는 산중에서는 밤하늘에 총총한 별들을 오롯이 만나볼 수 있습니다. 까맣다 못해 푸른 빛이 도는 밤하늘에서 형체가 완전한 북두칠성이며, 카시오페이아, 백조자리를 확인하면 옛 친구를 만난 듯 괜스레 반가운 마음이 들게 됩니다. 거기다가 긴 꼬리를 남기며 흘러내리는 별똥별이라도 보게 되면 저절로 탄성을 지르게 마련이지요.

운이 좋은 날엔 은하수를 만날 수도 있습니다. 먼지처럼 부유하는 별들의 무리를 바라보는 감격은 정말 말로 형언하기 어려운 아름다움입니다. 그래서 시인은 바람에 스치우는 별을 노래하고, 화가는 별이 빛나는 밤을 그렸던 모양입니다.

존 뮤어 걷기 여행

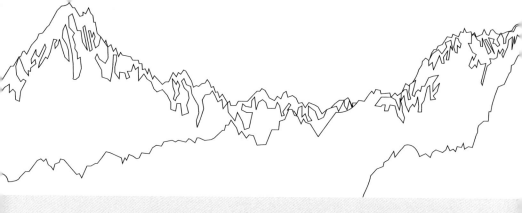

비박을 해 보면 달빛이 그렇게 밝았는지를 새삼 깨닫게 됩니다. 휘영청 보름달이라도 뜨게 되면 눈이 부셔 잠을 이룰 수 없을 정도지요. 한번은 하도 눈이 부셔 달빛에 그림자 진 나무 뒤로 잠자리를 옮겨야만 했을 정도니까요. 도시에서도 달이뜨기는 하지만 그 변화나 밝기에 대해서는 실감하기 어렵습니다. 그러나 산중에서는 달이 동쪽에서 떠서 서쪽으로 기우는 달의 운행과 달이 차오르고 사위는 달의변이를 예민하게 관찰할 수 있습니다. 그리하여 초승달의 파리함과 반달이 갖는 서글픔의 미학을 여실히 느껴보게 되는 것이지요.

'첨밀밀'이라는 영화를 보면 등려군의 '월량대표아적심(月亮代表我的心)'이라는 노래가 나옵니다. '저 달빛이 내 마음을 말해주어요'라는 뜻이지요. 고적한 산중에서휘영청 뜬 달을 보노라면 집 생각도 나고, 부모님 생각도 나게 마련입니다. "내 처량한 신세여" 한숨이 나오지만 그 또한 스스로 즐기는 처량함입니다.

비박의 즐거움은 숲 속에서 맞이하는 경이로운 아침입니다. 가장 먼저 잠을 깨우는 소리는 새들의 지저귐입니다. 쪼롱쪼롱, 휘리릭, 재잘재잘 아주 즐겁습니다.첫 음을 길게 끌고 뒤의 음을 방정맞게 끊는 새도 있지요. 저마다의 소리로 아침을노래하는 새소리는 한 곡의 현악 4중주입니다.

아침 안개도 숲의 운치를 더해줍니다. 소나무를 주제로 삼는 배병우의 사진들 중에서 가장 멋스러운 장면이 바로 운무에 감싸인 소나무입니다. 새벽에 잠이 깨어안개 그윽한 숲을 거니는 것은 마치 꿈속을 헤매는 양 몽환적인 분위기를 연출합니다. 정선의 진경산수화, 그 옛 그림 속으로 걸어 들어가는 기분이 들지요. 신선이 따로 없습니다. 이윽고 안개가 걷히면서 숲 속으로 찬연한 아침 햇살이 스며드는 장면은 정말 압권입니다. 산머리부터 서서히 커튼이 열리듯 황금 햇살이 퍼져 들어오는 빛의 파노라마입니다.

비 오는 날의 우중비박은 진정 비박을 즐길 줄 아는 자들만의 것입니다. 모르는 이들은 비 오는 날 무슨 청승이냐고 말할지도 모르겠습니다. 그러나 세상 모든 일은 마음먹기 나름이고, 받아들이기 나름입니다. 구질구질하고 궁상맞은 일이 오히려 더욱 기억에 남는 특별한 경험이 될 수도 있습니다. 비 예보가 있으면 산행을 취소하시는 분들이 많지만 저는 우중산행, 우중비박을 마다하지 않습니다. 오히려 더욱 환영하고 즐기는 편이지요. 비와 추위에 대한 대비만 잘한다면 그만한 낭만이 없습니다.

타프(비와 이슬을 막기 위해 치는 그늘막) 위로 후두둑 떨어지는 빗소리는 하늘이 연주하는 천상의 음악입니다. 밤새 들어도 지겹지가 않지요. 주룩주룩 쏴아, 때로는 거세게 휘몰아쳤다가 이내 안단테가 되고 피아니시모가 됩니다. 그러다가 한 번씩 우르릉 쾅 심벌즈를 치기도 하지요. 세기와 박자를 달리하며 한곡의 장엄하고 미려한 관현악곡을 들려줍니다. 그 빗소리를 들으며 즐기는 한 잔의 커피는 비박의 즐거움 중 최고의 낙(樂)입니다.

음악을 좋아하는 분이라면 듣고 싶은 음악들을 파일에 담아가는 것도 좋겠습니다. 요즘은 성능이 좋은 휴대용 스피커들이 많이 나와 있습니다. 우퍼 기능을 갖춘 스피커라면 더욱 좋겠지요. 아침 식사를 하면서, 혹은 아침 식사를 마치고 커피 한 잔을 마시면서 안드레아 보첼리의 노래들을 들어보십시오. 조지 윈스턴의 '디셈버'나 이루마의 '키스 더 레인'을 들어도 좋을 것입니다. 어느 6성급 호텔의 고급 레스토랑 못지않은 분위기가 연출됩니다. 잠자리에 누워 이어폰을 끼고 들어도 좋겠고, 새벽에 잠이 일찍 깬 후 다시 잠들기가 힘들다면 그대로 누워 음악을 들어도 좋겠습니다. 숲에서는 투박하고 무딘 심성이 훨씬 감성적으로 변합니다. 그래서 같은 음악도 숲에서 들으면 훨씬 감정이입이 잘되지요. 음악이 있는 삶이 아름답습니다.

존 뮤어 걷기 여행

비박의 일과 중에 가장 해 보라고 권하고 싶은 것이 아침 식사 후의 자유 시간입니다. 아침을 먹고 다시 자리에 누워 잠시 자유와 여유를 만끽하는 것이지요. 만약에 이슬을 피하기 위해 타프를 쳤거나 텐트를 치고 잤다면, 이제 모두 걷어치우고 누워서 직접 하늘을 봐야 합니다. 대지에 누워 땅의 기운을 온몸으로 느끼며 나뭇가지 사이로 난 파란 하늘을 바라보는 기분은 하늘을 나는 새의 자유와 평화입니다. 볼에 부딪는 바람과 향긋한 잣나무 향, 그리고 두둥실 떠가는 흰 구름. 그렇게 누워서 하늘을 보고 있노라면 더 바랄 것도 없어지고, 누군가에 대한 까닭모를 원망과 분노도 사라지고 아주 평온한 마음이 됩니다. 저는 그 자유로움과 평온함이 너무나 좋습니다. 그래서 자꾸만 비박이 가고 싶어지는 모양입니다.

우리가 평상시에는 잘 못 느끼다가 비박을 가서야 느끼게 되는 것이 살아있는 '밤의 숲'입니다. 상식적으로 밤이 되면 모두 활동을 멈추고 잠에 들것 같지만, 실제로 동물의 세계에서는 밤에 주로 활동하는 야행성의 동물이 더 많다고 합니다. 낮에는 천적의 위험에 노출되기 쉽기 때문에 낮엔 움츠리고 있다가 밤이 되어 어둑해지면 활동을 시작한다는 거죠.

어느 날 문득 한밤중에 소피가 마려워 잠에서 깼다가 신비로운 체험을 했습니다. 적막강산이라고만 여겼던 밤의 숲이 무척이나 부산스러웠습니다. 우리 같은 이방인들이 모두 잠들기를 기다리기라도 했던 것일까 싶었죠. 달빛에 반사되는 은빛 너울거림과 어두운 밤의 그림자가 사이키 조명처럼 교차되면서 마치 숲에 파티가 벌어진 듯했습니다. 귀뚜라미를 위시한 풀벌레들의 재즈 연주에 맞추어 나무들이 잎사귀를 팔랑거리며 춤을 추고 있었고, 이곳에서 저곳으로 빠르게 이동하며 공중곡예를 펼치는 녀석도 있었습니다. 밤의 숲은 잠이 든 것이 아니었습니다.

숲 속의 밤을 즐기는 또 하나의 방법은 '저녁 산책'입니다. 저녁을 먹고 나서 잠자리에 들기 전에 소화도 시킬 겸 숲을 산책하는 것입니다. 멀리나 높이 갈 필요는 없습니다. 가까운 곳으로 마실 나가듯이 걸으면 됩니다. 하늘이 열려서 밤하늘을 볼 수 있는 곳이면 좋겠습니다. 널찍하고 안전한 임도면 금상첨화겠지요. 달빛 눈부신 보름밤이면 더욱 좋겠습니다. 그런 날은 헤드랜턴이 필요 없습니다. 그저 달빛 부서지는 숲길을 걸으며 사색에 잠기는 것으로 충분합니다.

이런 생각, 저런 생각에 골똘히 잠겨보거나 조용히 가곡 한 곡 불러보아도 흠이 되지 않을 것입니다. 정태춘과 박은옥이 부르는 '사랑하는 이에게'라는 곡은 저의 애창곡입니다. "달빛 밝은 밤이면 그리움도 깊어, 어이 홀로 새울까 견디기 힘든 이 밤. 그대 오소서 이 밤길로, 달빛 아래 고요히. 떨리는 내 손을 잡아주오. 내 더운 가슴 안아주오."

비박 산행만이 갖는 특별한 즐거움이 있습니다. 그 즐거움을 한번 맛보고 나면 비박의 세계에 하염없이 빠져들게 됩니다. 장비에 대한 욕심도 많이 생기게 되고요. 인간과 자연은 공존해야 합니다. 인간이 접근하지 못하게 보호만 하는 자연은 존재의 의미가 없습니다. 물론 자연이 훼손되는 것을 그대로 방치해서도 안 될 것입니다.

비록 제한적이지만 시에라네바다 같은 미국의 국립공원 지역에서도 야영과 모닥불이 허용되고 있습니다. 어떡하면 인간과 자연이 서로 도움을 주며 공존할 수 있을지 지혜를 모아야 할 것입니다. 부디 비박을 즐기더라도 자연을 사랑하는 마음으로 머문 곳에 흔적을 남기지 않는 비박인의 도리를 꼭 지키도록 합시다.

2013년 7월 22일

아침 6시 기상 | 아침 기온 10도 | 낮 기온 28도

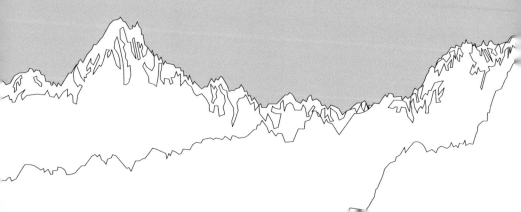

다시 출근한 모기들

생각보다 잠을 잘 자고 일어났다. 어제의 피로감은 완전히 사라지고 다시금 새롭게 몸이 리셋된 기분이다. 숲 속에서의 하룻밤. 이미 익숙한 일 아닌가. 아침 공기가 알싸하다. 요세미티 공원에서의 훈훈했던 첫날밤과는 사뭇 달라진 아침 공기다. 온도계는 10도를 가리키고 있다.

아침 식사는 즉석건조 미역국으로 준비했다. 약간은 설익은 밥을 국에 같이 말아 끓인다. 어제 밥을 한다고 한 것이 그만 설익은 밥이 되고 말았던 것이다. 고산에서의 밥 짓기는 생각처럼 쉬운 일이 아니다. 물은 쉽게 끓지만 쌀이 잘 익지를 않았다. 평소보다 물을 많이 넣고 충분히 끓였는데도 말이다.

나중에 몇 번 더 해 보고서야 제대로 요령을 터득할 수 있었다. 물은 거의 두 배를 넣어야하고, 오래 끓이면서 눌어붙지 않도록 한 번씩 저어주어야 하고, 오래 뜸을 들여야 한다. 밥 짓는 데만 40분 이상이 소요된다. 고산 원정대가 왜 알파미(쪄서 말린 쌀)를 가져가는지 이제야 알 것 같다. 낯선 땅에서 먹는 미역국 맛이 아주 그만이다. 하긴 뭘 먹은들 맛이 없으랴만.

짐을 모두 정리하고 주변을 깨끗이 치워 야영의 흔적을 지운 뒤, 7시 30분쯤 오늘의 산행을 시작했다. 오늘도 거의 오르막에 해당하는 구간이다. 전날 개울 근처에서 야영한 팀이 제법 여럿 보인다. 아직 거동이 없

존 뮤어 걷기 여행

▲ 하룻밤 사이에 기온이 급강하해서 털모자와 우모복을 꺼내 입어야 했다.

는 텐트도 있고, 이제 막 일어나 아침을 준비하는 팀도 있다. 가볍게 손 인사를 주고받았다.

하프 돔 갈림길에서 출발하여 처음 만나는 개울 말고도 삼십 분 간격으로 선라이즈 크릭(Creek, 개울 또는 시냇물)과 서너 차례 대면하게 된다. 만약 시간에 여유가 있다면 조금 더 진행한 후 이곳에 와서 캠핑을 해도 좋을 것 같다는 생각이 드는 곳이 몇 군데 있었다.

◀ 모기가 위협적이지는 않지만 아주 성가셔서 모기망을 머리에 써야만 했다.

존 뮤어 걷기 여행

어제 퇴근했던 모기들이 아침 9시가 되자 다시 출근을 했다. 물이 많은 지대라서 그런지 모기들이 아주 극성이다. 이미 사전조사를 통해 존 뮤어 트레일의 모기에 대한 명성은 익히 들었던 터라 당황되지는 않았지만 성가시기가 그지없다. 우리는 침착하게 준비해 온 모기망(머리에 둘러쓰는 망)을 착용했다. 이곳 모기들은 떼로 덤벼들기는 하지만 별로 사납지가 않다. 물려도 조금 따끔할 뿐 가려움증이 오래가지는 않았다. 우리나라의 용맹스러운 산 모기들을 생각하면 정말 다행스러운 일이다.

존 뮤어 걷기여행 5일간의 여정 중에 모기망을 써야만 했던 경우는 이곳 선라이즈 크릭(Sunrise Creek)을 지날 때와 투올룸 메도우(Tuolumne Meadows)의 초입 부분, 두 군데 정도였다.

▲ 짐은 무겁지만 피로가 회복되어 발걸음이 가볍다.

어제의 구간은 당일 산행객들이 뒤섞여 있었지만, 이제부터 만나는 사람들은 모두 JMT나 PCT를 트레킹하는 도보 여행자들이다. 이번 존 뮤어 걷기 여행 동안 다양한 여행자들을 만날 수 있었다. 개중에는 혼자서 여행을 즐기는 사람들도 많아서 조금 놀라웠다. 워낙 곰이 많이 출몰하는 곳이라 혼자 다니면 위험하지 않을까 싶었던 것이다.

사실 사람이 먼저 위협하는 경우가 아니라면 곰이 먼저 사람을 해치는 경우는 거의 없다고 한다. 단지 곰은 식탐이 좀 많을 뿐이다. 어제 하프 돔 갈림길에서 혼자 PCT를 종주하고 있는 여성을 만났었다. 나이도 젊어 보이는 예쁘장한 여성이 그 멀고 험한 길을 혼자서 여행하다니 정말 대단하다는 생각이 들면서 문득 『와일드』라는 책이 생각났다.

『와일드』는 셰릴 스트레이드라는 여성이 4,000km에 이르는 PCT를 홀로 종주하고 기록한 여행서이자 인생 고백서이다. 그녀는 이십대의 젊은 나이에 사랑하는 어머니를 잃고, 남편과 이혼하고 절망에 빠져 마약과 섹스에 중독된 채 폐인처럼 지내다가 우연히 발견한 『퍼시픽 크레스트 트레일 제1권』이라는 책에 매료되어 운명처럼 종주 여행에 나서게 된다.

철저한 준비 없이 막연한 생각만 가지고 PCT 종주에 도전했던 그녀는 도보 여행 첫날부터 여러 가지 어려움에 봉착한다. 나침반이나 스토브의 사용법도 제대로 몰라 쩔쩔매고, 심지어 배낭 꾸리기에도 서툴러 제대로 일어서지도 못할 정도의 짐을 짊어진 채 고행을 하게 된다. 그렇게 길을 나선 그녀는 초보 도보 여행자로서 미국 서부를 남북으로 종단하며 눈 덮인 고산과 뜨거운 사막과 끝없는 황야와 화산지대를 넘나든 끝에 여섯 개의 발톱을 잃고서야 마침내 종주에 성공하게 된다. 그리고 그녀는 마지막에 이렇게 고백한다. "인생이란 얼마나 예측 불허의 것인가. 그러니 흘러가는 대로, 그대로 내버려둘 수밖에."

오늘 아침에는 길을 걷다가 두 명의 미국 청년들을 만났다. 보비와 찰리. 둘은 고등학교 때부터 단짝 친구라고 자신들을 소개했다. 한 명은 키가 작고 한 명은 훤칠해서 마치 꺼꾸리와 장다리를 연상시킨다. 이 청년들과는 투올룸 메도우(초원)까지 길을 앞서거니 뒤서거니 함께 걸으며 동행했다.

▲ 선라이즈 캠프 직전의 바위지대. 앞이 훤히 트여 조망이 아주 일품이다.

존 뮤어 걷기 여행

한참을 낑낑거리며 치고 오르니 전망이 툭 터지는 바위지대가 나타난다. 주력이 좋은 주택 씨와 박 원장님은 이미 도착해서 신발까지 벗고 휴식을 취하고 있다. 이곳에서 미국 청년들과 함께 쉬면서 여행에 대한 여러 가지 이야기를 서로 나누었다. 만약에 이곳에 막걸리 좌판이라도 있었다면 마늘종과 고추장을 안주로 주거니 받거니 한 잔 쭉 들이켰으리라.

최근 음주 산행을 법으로 규제하겠다는 뉴스를 듣고 실소를 금할 수 없었다. 등산로 입구에서 음주측정기를 들고 하산객을 대상으로 음주 단속을 하는 장면을 상상하니 웃음이 났던 것이다. 산에 와서 몸을 가누지 못할 정도로 술을 마시는 것은 아주 위험한 행동이다. 그러나 동료들끼리 막걸리 한두 잔 나누는 흥취를 법으로 금지하는 것은 조금 과도한 조치 아니겠는가? 그건 어디까지나 본인 책임하의 자율에 맡겨야 할 사항이다.

등산은 육체의 건강과 정신의 강건함을 다지는 일석이조의 행위이다. 도시의 짜증스럽고 혼란한 삶에서 벗어나 파란 하늘과 푸른 나무와 시원한 바람을 접하면 우리의 몸과 마음은 질서를 회복하고 깨끗하게 정화된다. 더불어 벗들과 나누는 막걸리 한 잔은 속세의 찌든 스트레스를 말끔히 털어버리는 청량제의 역할을 한다. 행복이 별다른 것이 아니다. 두 다리 건강해서 산에 오를 수 있고, 함께 산에 올라 막걸리 한 잔 나눌 벗이 있다면 무엇을 더 바라겠는가? 그걸로 족하다.

바위지대를 지난 이후부터는 순조롭고 평탄한 길의 연속이었다. 갖가지 들꽃이 피어난 오솔길과 나무가 우거진 숲길을 번갈아 걷다 보니 어느 순간 눈앞이 훤해지면서 널따란 초원이 펼쳐진다. 선라이즈 캠프 앞에 단정하게 자리 잡은 고즈넉한 들판이다.

앞에서 호리호리한 할아버지 한 분이 머리 위까지 높이 올라오는 커다란 배낭을 메고 걷고 계신다. 마침 잠깐 멈춰서 바위에 앉아 휴식을 취하기에 몇 마디 대화를 나누었다. "대단하세요. 어디까지 가는 길이세요?" "휘트니 산까지 가는 중이에요."

과학 교사이기도 했던 멕케인 씨는 한때는 캐나다의 벤프(Banff) 국립공원에서 프로 가이드로 산길을 안내하는 생활을 하기도 했다고 한다. 현재는 은퇴한 후 혼자서 유유자적 자신만의 여행을 즐기고 있다고. 부드럽게 미소 짓고 있는 모습에서 프로로서의 자긍심과 여행 생활자로서의 여유가 진하게 묻어난다.

둘째날

선라이즈 캠프는 '하이 시에라 캠프(High Sierra Camp, 2841m)'라고도 불리며 요세미티의 커리 빌리지처럼 막사와 샤워장, 식당 등을 갖추고 있는 제법 럭셔리(?)한 캠핑장이다. 요즘은 우리나라에서도 이렇게 이미 갖추어진 시설에 몸만 가서 즐기는 캠핑인 '글램핑'을 즐기는 사람들이 많아졌다. 짐을 가볍게 하고 아침 일찍 출발한다면 요세미티 공원에서 이곳까지 하루에 올 수 있는 거리이니, 이곳에서 하루 자고 투올룸 메도우로 아웃하거나, 요세미티에서 셔틀버스를 타고 투올룸으로 이동한 후 거꾸로 투올룸에서부터 출발하여 선라이즈 캠프에서 하루 자고 요세미티로 돌아오는 짧은 여행도 가능할 것 같다.

▼ 선라이즈 캠프로 들어서는 길

▲ 선라이즈 캠프에 물자를 수송하고 돌아가는 말들

　대여섯 동은 되어 보이는 막사에는 이미 사람들이 들어와서 캠핑을 즐기고 있었고, 가운데 마당에는 짐을 운반해 온 것으로 보이는 말들이 꼬리를 흔들며 휴식을 취하고 있었다. 말을 몰고 온 것으로 보이는 털보 아저씨의 카우보이모자가 무척 멋스러워 보인다.

　우리는 이곳 선라이즈 캠프에서 한쪽 그늘을 차지하고 앉아 점심을 해 먹었다. 식당 건물 바로 앞에 수도꼭지가 설치되어 있어 물을 이용하기가 편리했다. 관리인인 듯 보이는 분에게 여기서 밥을 좀 해 먹어도 되겠냐고 물어보니 어느 자리에서든 자유롭게 해 먹어도 된다고 하신다.

　식사 후에는 캠프의 깨끗한 화장실에서 대장안의 저장물을 비우는 일도 해결할 수 있었다. 배변 규정이 까다로운 국립공원에서 이렇게 깨끗한 정규(?) 화장실을 이용할 수 있는 것도 행운이라면 행운이다.

▲ 비를 맞으며 들판을 걷는 즐거움을 그대는 아는가.

존 뮤어 걷기 여행

오늘은 일정이 길지 않은 관계로 점심을 먹고 난 후 한 시간 정도 각자 자유 시간을 갖기로 했다. 나는 나의 오래된 습관인 낮잠을 즐기기 위해 편평한 너럭바위 하나를 선택해 매트를 깔고 누웠다. 산들바람이 솔솔 불어오는 가운데 배낭에 짓눌렸던 허리를 곧게 펴고 누우니 어쩌나 시원하던지. 점심 식사를 마치고 급하게 서두르지 않고 이렇게 잠깐씩 휴식을 즐기는 것도 소박하지만 작지 않은 행복이다. 그러나 막 잠이 들려는 순간 갑자기 하늘에서 비가 한 방울씩 떨어지기 시작한다. 이런! 편하게 놔두지를 않는구먼.

서둘러서 배낭에 커버를 씌우고 재킷과 레인코트를 갖춰 입고 자리를 정리하고 일어선다. 그래도 식사를 마친 후에 비가 내려서 다행이다. 푸른 초원 속으로 걸어 들어간다. 비 내리는 초원은 그야말로 한 폭의 그림이다. 누군가는 비를 맞으며 걷는 일에 대해 구질구질하다고 질색할지도 모르겠지만, 비를 너무나 사랑하는 나는 비를 만나자 연신 콧노래가 나온다. 오죽 좋아하면 카페 닉네임을 '비가조아'로 정했겠는가?

나는 비가 내리는 풍경을 정말로 좋아한다. 비 오는 날, 창가에 앉아 커피 한 모금을 입에 머금은 채 내리는 비를 하염없이 바라보는 것만큼 낭만적인 일이 또 있을까? 거기에 유키 구라모토나 이루마의 피아노 연주라도 깔린다면 더 바랄 것이 없을 것이다. 의과대학 시절에도 비만 오면 공부하던 친구를 끌고나가 커다란 창이 있는 '난다랑' 카페에 앉아 내리는 비를 구경하곤 했었다. 그 친구는 그 바람에 재시험에 자꾸 걸렸다며 나를 원망했지만 지금은 둘도 없는 나의 단짝 친구가 되어 있다.

들판에 촉촉이 내리는 비의 향연. 정말 운치 있는 풍경이다. 내가 오랫동안 상상해 오던 바로 그 풍경이 눈앞에 펼쳐지고 있다. 비를 맞으며 앞으로 나아간다. 한 걸음씩 나아갈 때마다 한 폭의 새로운 풍경이 나에게로 다가온다. 풍경은 내가 걸어가는 속도와 시선에 따라 시시각각 모습을 달리한다. 그렇게 계속 걷다 보면 멀리 아스라이 보이던 산봉우리도 어느 새 코앞에 다가와 있곤 한다. 바로 그런 것들이 도보 여행자만이 맛볼 수 있는 경이로움일 것이다.

걸을 수 있다는 것은 얼마나 큰 축복인가? 걷기만 해도 일상은 여행이 된다. 저녁마다 공원에 나와, 혹은 한강에 나와 걷는 수많은 사람들을 보라. 그것이 그대로 여행 아니겠는가. 걸으면 내 몸에 변화가 일어난다. 감각이 예민해지고 감성 엔트로피가 상승한다. 오감이 열리고 미시적 세계에 눈을 뜨게 된다. 보이지 않던 것들이 보이고 들리지 않던 것들이 들리게 된다. 자연히 몸이 건강해지고 정신이 경쾌해진다. 삶에 생기가 돌게 된다. 정지된 삶은 죽은 삶이다. 한곳에 머물러 바라보는 풍경은 정지된 영상이다. 멈추면 비로소 보인다고 하지만, 언제까지 멈춰 있을 수는 없는 노릇이다. 걷고 움직여야 살아 있는 영상을 볼 수 있다.

머무는 것은 편안함과 익숙함을 가져다주지만, 익숙함은 또한 식상함과 타성을 불러온다. 삶이 익숙함으로 가득 채워졌다는 것은 배에 지방이 잔뜩 끼어 비만해진 모습과 같다. 편함이 지나치면 이제 불편과 부자연스러움을 야기한다. 그럴 때 우리는 새로운 낯섦을 찾아 떠나야 한다. 몸과 정신에 다이어트를 해야 할 때이다.

자연은 우리가 죽을 때까지 찾아다녀도 다 찾아볼 수 없는 새로운 것들로 가득하다. 삶은 늘 새로움에 대한 호기심과 열정으로 빛나야 한다. 그것이 진정한 도보 여행자가 되기 위한 단 하나의 조건이다. 삶을 그냥 살아가는 사람들은 많이 망설이고 쉽게 포기한다. 비가 오면 산에 가지

▲ 높은 산악지대답게 날씨가 변화무쌍하다. 불쑥 비가 내리다가 금방 날이 갠다.

않는다. 그러나 진정으로 산을 좋아하는 사람은 비바람이 몰아쳐도 결코 산에 가기를 주저하지 않는다. 삶의 열정과 용기는 자신이 좋아하고 원하는 일을 할 때 생겨난다. 나는 비를 맞으며 걷는 일이 정말 재밌다.

서운하게도(?) 비는 오래지 않아 바로 그치고 말았다. 비 갠 후의 맑고 평온한 들길을 걷는다. 하늘은 어느새 밝은 푸른색으로 옷을 갈아입었다. '비가 온 뒤 맑게 갠 하늘'을 '해밀'이라고 하던가? 해밀의 초원을 걷는 기분이 아주 상쾌하다. 한 줄기 바람이 나그네의 코끝을 애무하고 지나간다. 풀 향기를 한껏 머금은 향긋한 초록색 바람이다.

바람의 색깔은 향이 결정한다. 바닷가 모래사장을 거닐 때 불어오는 해풍은 파란색이지만, 갯내를 머금은 포구의 비릿한 바람에서는 진회색이 연상되기 마련이다. 향수를 맡았을 때 특정 색깔을 떠올리게 되는 것도 같은 원리가 아닐까? 어떤 향에서는 노란색이 느껴지고 어떤 향에서는 서늘한 쪽빛이 느껴지곤 한다.

비는 바람과 어우러져 후각신경의 흥분에 영향을 미친다. 그래서 비가 오는 날이면 빈대떡이며 곱창 굽는 냄새가 더 구수해지는 것이리라. 비가 막 갠 후에 숲에 들어서면 풀냄새며 나무 냄새가 더욱 진하게 코에 와 닿는 것을 알 수 있다. 비는 오감을 자극하는 천연 양념이다. 비가 오는 날은 더욱 술이 당기고 식욕이 왕성해진다.

오늘 밤의 송어 파티를 위해 팀을 둘로 분리한다. 주력이 좋은 박 원장님과 주택 씨는 미리 가서 송어 좀 잡아 놓으라고 선발대로 보내고, 맛있는 송어 매운탕을 머리에 그리며 신 단장님과 오붓하게 길을 걸었다. 손가락처럼 불쑥 솟아오른 콜롬비아 핑거(Columbia Finger) 봉을 지나 좌측의 트레시더 피크(Tressider Peak)와 우측의 캐세드랄 피크(Cathedral Peak, 3,326m) 사이로 난 캐세드랄 패스(산과 산 사이의 좁고 험한 길, 고갯길)를 통과하니 눈앞에 호수가 하나 나타난다. 작은 캐세드랄 레이크(Cathedral Lakes)이다. 캐세드랄 레이크는 아래쪽의 작은 호수와 위쪽의 큰 호수로 이루어져 있다. 우리가 오늘 야영을 하려고 목표한 호수는 위쪽 캐세드랄 레이크이다.

▼ 앞쪽에 뾰족하게 솟아오른 산이 캐세드랄 피크(Cathedral Peak, 3326m)이다.

호수가 바라보이는 나무 그늘 밑에서 스콧 부부가 휴식을 취하고 있다. 가냘픈 몸매의 부인과 함께 존 뮤어 길을 여행 중인 스콧은 건장한 체구에 늘 밝은 미소를 띠고 있는 착한 인상의 미국 아저씨이다. 몇 번 마주치며 눈인사를 나눈 까닭인지 다시 보는 반가움이 있다. "혹시 앞서 가는 두 한국 남자 보셨나요?" "오, 익수 말인가요?" 박 원장님의 이름까지 정확히 기억하고 있다. "네." "한 시간쯤 앞서서 지나갔어요." 음, 엄청난 속도로 지나갔군.

작은 호수를 통과한 후에는 존 뮤어 트레일 주로에서 왼쪽 곁길로 빠져 800m 정도 안으로 들어가야 큰 캐세드랄 호수가 있다.(참고로 작은 캐세드랄 호수 주변은 야영 금지구역이다.) 이 갈림길은 주의를 기울이지 않으면 그냥 지나치기가 십상이다. 선발대였던 박 원장님과 주택 씨도 이곳을 그냥 지나치는 바람에 투올룸 메도우 쪽으로 한참을 더 갔었다고 한다. 다행히 반대쪽에서 올라오는 분을 만나 그분에게 길을 물어보고서야 사태를 파악하고 되돌아올 수 있었다고. 동쪽에서 온 귀인을 만나 목숨을 건진 격이다.

▲ 들길을 지나 나지막한 구릉을 넘어서면 환상적인 호수의 풍경을 만날 수 있다.

갈림길에서 캐세드랄 레이크(Cathedral Lakes) 표지판을 확인한 후 오솔길을 따라 약간의 내리막길을 걸어 들어간다. 십 분쯤 지나니 시야가 터지면서 작은 들판이 나타나고, 들판 끝에 있는 바위 언덕 하나를 넘어서자 눈앞에 그림 같은 풍경이 펼쳐진다. 바로 캐세드랄 레이크다. 정말 아름다운 호수이다. 원더풀, 뷰티풀이 절로 나온다.

호수에 도착한 시각은 오후 5시 30분. 생각보다 일찍 목적지에 도착했다. 진즉에 도착해서 자리를 잡은 다른 야영객들은 벌써 물속에 풍덩 들어가 수영을 즐기고 있다. 송어 미션이 주어진 주택 씨는 낚싯대를 들고 이리저리 포인트를 옮겨가며 낚시에 여념이 없다. "좀 잡았어?" "아직 한 마리도……" 주택 씨와 박 원장님이 송어를 잡기 위해 애쓰는 동안, 단장님과 나는 밀린 빨래도 하고, 머리도 감으며 오랜만의 휴식을 만끽했다. 송어를 잡아야 저녁 한 끼 식사가 풍족히 해결될 것이다.

고양이와 개들

아무래도 저녁을 먹으려면 좀 더 시간을 보내야 할 것 같아 배낭을 풀고 매트를 꺼내온다. 한숨 자두려는 것이다. 무더운 여름, 시원한 호숫가에서의 낮잠이라니. 기대하지 못했던 망중한이다. 그러나 하늘도 무심하시지. 자리를 펴고 누운 지 오 분이나 지났을까, 캐세드랄 피크쪽 하늘이 심상치 않게 어둑어둑해진다 싶더니 이내 우르릉 쾅쾅 굉음과 함께 비가 쏟아지기 시작한다. 정말 어떻게 대처할 시간조차 없이 순간적으로 퍼붓는다. 젠장, 캣츠 앤 독스다.(It's raining cats and dogs.)

풀어헤쳐 놓은 배낭을 제대로 싸지도 못하고 짐들을 대강 우겨 넣고 재빨리 커버를 씌우고 재킷을 꺼내 입었다. 신 단장님은 그새 빨래 걷느라 정신이 없다. "아이고, 망했다 망했어." 단장님이 연신 탄식을 내뱉으며 비닐봉지에 빨래를 모아 넣으신다. 주택 씨와 박 원장님 배낭은 다행히 아직 풀지 않은 상태라 커버만 씌우고 곁에 우두커니 지키고 서서 비 내리는 호수를 하염없이 바라본다. 대책이 없다.

낚시를 보조하러 호수 건너편까지 진출했던 박 원장님이 갑자기 쏟아지는 비에 놀라 저 멀리서부터 쏜살같이 달려온다. "이 자리는 바람이 심해서 안 되겠어요. 옮깁시다." 이 난리에 어디로 간단 말인가? 어디론가 사라지는 박 원장. 다시 나타난 박 원장. "저쪽이 좋겠어요." 배낭 두 개를 들쳐 메고 오른쪽 바위 뒤 나무 사이로 사라진다. 이 와중에도 주택

존 뮤어 걷기 여행

씨는 내리는 비를 주룩주룩 맞으며 송어 잡이에 여념이 없다. 송어에 목숨을 걸었다. 송어가 아니면 밥도 없다는 양.

나는 풀어헤쳐진 배낭을 수습하여 겨우 얼싸안고 나무 사이에 새로 마련된 우리 자리로 이동했다. 그 사이에 박 원장님이 번개처럼 텐트 두 동을 설치하고 나무 사이에 타프를 치고 계셨다. 괴력이다. 평소의 느긋하고 느물거리는 박 원장님이 아니시다. 신속한 판단, 저돌적인 추진, 민첩한 행동. 위급한 상황에서 정말 대단한 힘을 발휘하신다. 나라면 비 그칠 때까지 하늘만 바라보고 있었을 텐데. 비는 하늘이 뚫린 듯 억수같이 퍼붓다가 삼십 분 만에 잦아들었다. 거 봐, 그치잖아.

▲ 퍼붓는 비를 맞으며 우왕좌왕 텐트와 타프를 치고 나니 그새 비가 그치고 만다.

비는 그쳤지만 몸이 젖어서 그런지 한기가 몰려온다. 비에 젖은 몸이 연신 후들거렸다. 거위 털 재킷에 우비까지 둘러 입고 앉아 저녁 준비에 들어갔다. 따뜻한 국물이 필요했다. 라면을 끓여낸다. 비에 젖은 몸을 녹이는 데 라면만 한 비기가 또 있을까? 송어는 이미 물 건너갔다.

박 원장님이 비장의 연태고량주를 꺼내든다. "열 받는데 이거 우리 오늘 다 마셔 버립시다." 퍼붓는 비를 맞아가며 아등바등 텐트를 세우고 타프를 치던 일이 조금 허탈하셨던 모양이다. 비에 후줄근 젖은 우리는 진한 라면 국물에 고량주를 곁들이며 비에 젖은 호수의 낭만을 들이켰다. 목젖이 후끈 달아오른다.

▼ 비가 그치고 난 후 붉게 노을이 지기 시작하는 캐세드랄 호수

존 뮤어 걷기 여행

달빛 부서지는 호수

새벽이다. 일찍 잠자리에 들었던 탓인지 일찍 잠이 깨고 말았다. 시계는 4시를 가리키고 있다. 텐트 사이로 달빛이 훤하다. 아! 달이 떴구나. 순간 호수에 어린 달빛은 얼마나 아름다울까, 하는 생각이 퍼뜩 들어 더이상 누워 있을 수가 없었다. 나는 홀로 깨어 호숫가로 향했다. 보름달이다. 호수 위에 휘영청 보름달이 떠 있다. 영롱하고도 담박한 광채이다.

호수 위로 반사되는 저 휘황한 아름다움을 어찌 인간의 언어로 담아낼 수 있을까? 가슴이 아려온다. 아름다운 달빛엔 묘하게도 알 수 없는 슬픔이 배어 있다. 아름다움의 '아름'은 알음이자, 앓음이라고 했다. 앓음의 과정을 거치며 숙성되지 않고는 지극한 아름다움을 알아볼 수 없다는 말이 아닐까? 진정한 사랑은 지독하게 앓고 나서야 깨닫게 되는 것처럼.

▲ 휘영청 떠오른 이국의 달, 달빛이 호수에 부서지며 신비로운 풍경을 자아낸다.

정녕 달빛이 저토록 밝았었단 말인가! 카메라를 꺼내들어 사진 몇 장을 찍어본다. 야간노출로 설정된 카메라는 빛을 섬세하게 빨아들여 제법 밝은 영상을 만들어낸다. 그러나 왜곡이다. 이게 아닌데. 내 두 눈으로 보고 있는 이 장면을 오롯이 카메라에 담을 기술이 내게 없음이 안타까울 뿐이다.

달빛 부서지는 호숫가를 잠시 소요하다가 텐트로 돌아와 보니 박 원장님이 나와 계신다. 나는 박 원장님의 손을 끌고 다시 호수로 향했다. 아름다움을 홀로 보는 것은 슬픈 일이라 하지 않았던가! 아름다운 광경을 나만 보고 즐기기가 아까웠던 것이다. 우리는 호숫가에 나란히 자리를 잡고 앉아 달빛 물든 호수를 바라보며 지나온 삶과 스쳐간 여인들에 대해 진솔한 이야기들을 나누었다. 달과 호수와 밤이 칵테일처럼 더해져 마치

존 뮤어 걷기 여행

술에 취한 것처럼 사람의 진심을 풀어헤쳐 놓는다.

자기가 누구를 사랑하고 있는지를 알아보려면 아름다운 풍경 앞에 서 보면 된다고 한다. 멋진 풍경을 보며 직관적으로 떠오르는 사람, 아! 지금 이 순간 내 곁에 함께 있었으면 하는 생각을 들게 하는 사람, 바로 그 사람이 당신의 사랑이다.

생각하면 할수록 낭만적인 밤이다. 삶은 낭만으로 가득 차야 한다. 낭만이 없는 삶은 무채색이다. 삶의 멋을 가르는 기준이 낭만이다. 인생을 멋지게 살고 있는지는 삶에 낭만이 있는지를 보고 판명할 수 있다. 낭만이 있는 사람은 나이가 들어도 계속 청춘이다. 잔잔한 호수 위로 고요한 달빛이 부서진다. 이 한 장면만으로도 이번 여행에 들인 모든 수고로움을 보상하고 남음이 있는 명장면이다.

어느 해 여름 지리산 비박

동양학으로 유명한 조용헌 님은 사는 것이 공허하다고 느껴질 때는 산에 가 보라고 권합니다. 산에 가면 무엇이 있는가. 연하(煙霞)가 있다는 것입니다. 안개가 피어올라 솜사탕처럼 산봉우리들을 감싸고 있는 모습을 보면 '내가 왜 이 세상에 왔는가?' 하는 물음이 절로 없어진다고 합니다.

이름하여 연하벽(煙霞癖). 이러한 광경을 과도하게 좋아하다 보면 세속을 떠나 입산하게 된다고 하는데, 걱정됩니다. 바로 제가 '연하벽'이 있지 않나 의심스럽기 때문입니다. 이 연하의 절경을 많이 보유하고 있는 산이 바로 지리산입니다. 산이 첩첩이요. 골짜기에 계곡이 많으니 운무가 많이 발생한다는 것이지요. 중간중간 높은 봉우리들의 꼭대기만 보이고, 발밑으로는 운해가 자욱하게 펼쳐지고, 그 운해 위로 달이 떠오르면 그야말로 별천지의 세상을 만나게 됩니다. 인간 세상에 나와서 이런 장관을 자주 보아야만 우울증에 걸리지 않는다고 조용헌 님은 말합니다.

버스에서 내려서는 순간 숨이 턱 막혀 옵니다. 머리 위에서는 뜨거운 태양이 작열하고 있었습니다. 정말 미친 더위였습니다. 허나 덥다고 발길을 돌릴 수는 없는 일이지요. 마음을 단단히 다잡고 산에 오르기 시작합니다. 숨이 턱턱 막히고 땀은 비 오듯 쏟아져 내립니다. 어찌 산행을 이어갈지 막막합니다. 힘을 내보지만 발걸음을 얼마 못 떼고 주저앉습니다.

그렇게 무더위와 사투를 벌이며 산을 오르던 중에 별안간 눈앞에 시원한 물줄기를 뿜어내는 폭포가 나타납니다. 쉬어 가지 않을 수가 없습니다. 사람들은 옷이 젖는 것을 주저했지만 저는 폭포 속으로 뛰어 들어가 온몸으로 떨어지는 폭포수를 맞았습니다. 정말 시원했습니다. 그런데 젖는 것이 두려워 더위를 그대로 삼켰던 사

존 뮤어 걷기 여행

람들도 얼마 지나지 않아 결국은 모두 젖고 맙니다. 큰 소낙비를 만났던 거지요. 어차피 젖고 말 것을.

엄청난 비가 내렸습니다. 잠깐 지나가는 소나기가 아니라 두 시간 넘게 쉬지 않고 쏟아져 내렸습니다. 계곡의 물이 순간 무섭게 불어났습니다. 소용돌이치며 흘러내리는 황토색 급물살에 겁이 났습니다. 더욱 공포스러운 것은 소리였습니다. 세상 모든 것들을 집어삼켜 버릴 듯 포효하는 계곡 물소리. 영화 '괴물' 속 괴물의 신음소리인 양. 화난 멧돼지의 울부짖음인 양. 쏴우쏴우~~ 으콰아~~ 괴성을 내지르며 흙물이 흘러 내렸습니다. 나는 걸음을 멈추고 한참이나 그 계곡을 바라보았습니다. "무엇이 계곡을 저토록 성나게 한 것일까?"

태어나서 그렇게 큰 비를 아무 대책 없이 온몸으로 맞아보기는 처음이었습니다. 한편으로는 후련하기도 하고 신이 나기도 했습니다. 어차피 피할 수 없다면 즐기라고 했던가요? 나는 비를 즐겼습니다. '비에 젖는다는 것은 이런 느낌이구나.' 윗옷과 바지를 적시고 속옷까지 완전히 젖었습니다.

등산화만은 지키기 위해 조심조심 어떻게든지 웅덩이를 피해 걸었지만 역부족이었습니다. 결국 마음을 비웁니다. 그냥 첨벙첨벙 걸었습니다. 그러니 오히려 신이 났습니다. 이제 두려울 것이 없습니다. 그저 묵묵히 앞을 향해 걸을 뿐입니다. 아무 생각이 없습니다. 오로지 내리는 비가 있을 뿐입니다. 나는 작은 해탈의 자유를 만끽합니다.

드디어 음양수입니다. 일 년을 별러 온 음양수입니다. 절묘한 타이밍에 비가 그쳐 줍니다. 칠흑 같던 먹장구름이 물러가고 군데군데 파란 하늘이 모습을 드러냅니다.

운해입니다. 연하입니다. 골짜기마다 연하가 피어오르고, 산은 운무의 바다에 깊게 빠졌습니다. 이걸 보러 온 것입니다. 이 장관을 보러 여기까지 온 것입니다. 이 장엄한 조망을 그리워하며 일 년을 버텨 왔습니다. 그토록 그리던 지리산을 오늘에야 다시 만납니다. 아! 지리산, 아! 음양수여!

노을이 지기 시작합니다. 하늘은 잠시 황금빛으로 타올랐다가 이내 붉은 물감을 풀어 놓은 듯 붉은빛이 번져 갑니다. 말을 잊습니다. 무슨 말이 필요하겠습니까. 가슴은 알 수 없는 충만감으로 가득 차오릅니다. 붉게 물드는 석양은 사람을 숭고하게 만드는 무엇이 있습니다. 대자연이 연출하는 경이로운 풍광 앞에 서서, 나는 내가 살아온 날들에 대해서, 앞으로 살아갈 시간들에 대해서 깊은 사색에 잠깁니다. "나는 과연 잘 살아 왔는가?"

산에는 어둠이 내려앉고 이제 나는 서서히 취해 갑니다. 산이 있고, 술이 있고, 좋은 사람들이 있는데 어찌 취하지 않을 수 있겠습니까. 취하고 싶었습니다. 마음이 통하는 사람들과 마음껏 취해보고 싶었습니다. 취기가 거나해졌을 즈음 잠시 자리를 빠져 나왔습니다. 그리고 밤하늘을 올려다봅니다. 아! 별의 바다여! 땅에는 구름의 바다가 있고, 하늘엔 별의 바다가 있었습니다. 아래도 바다고 위도 바다니, 나는 바닷속에 잠겨 있는 셈입니다. 순간 호흡이 가빠지고 정신이 아득해집니다.

도저히 헤아릴 수 없을 만큼 많은 별들이 하늘에 총총합니다. 순간 길게 꼬리를 물고 별비가 쏟아져 내립니다. 아, 별들의 축포입니다. 그 순간 나는 한 명의 우주인입니다. 지구별호를 타고 천체를 주유하는 우주 나그네입니다. 별천지인 하늘을 바라보고 있자니 우주를 실감하지 않을 수 없습니다. 우주적 존재로서의 나를 저절로 인식하게 됩니다. 망망한 우주, 광대한 은하계, 지구별 위에서 살아가고 있는 한 존재로서의 나를.

자리에 누웠습니다. 기분 좋은 바람이 귓불을 스치고 지나갑니다. 사방은 어둠과 적막의 세상입니다. 나는 귀를 쫑긋 세우고 나무의 소리에 귀를 기울입니다. "달이 꽉 차 환한 보름달이 되었을 때 흰 떡갈나무들은 노래를 부르고 서로서로 가지를 비벼댔으며 체로키 사람들을 어루만져 주었다."

체로키 인디언들은 나무에 영혼이 있음을 알고 있었습니다. 어느 날 벌목꾼들이 나타나 나무를 베어낼 궁리들을 하자 흰 떡갈나무들은 슬피 울기 시작했습니다. 체로키 사람들은 밤마다 아이들까지 나서 나무를 구하기 위해 도로를 엉망으로 만들었습니다. 그리고 마침내 벌목꾼들이 포기하고 물러갔습니다. 나무들은 너무 좋아서 노래를 불렀습니다. '정말 나무에게도 영혼이 있을까?' 나는 무척 궁금했습니다. 그래서 나는 나무의 숨결을 느껴보려 신경을 곤두세웠습니다. 그리고 마침내 그날 밤. 나는 한 명의 체로키 인디언이 되어 나무들과 이야기를 나누었습니다.

홀로 깨어 일어나 앉았습니다. 새벽 네 시. 달빛이 교교합니다. 별들은 잠을 자러 갔는지 수가 많이 줄었습니다. 푸르스름한 달빛에 멀리 운해에 잠긴 산 그림자가 아련합니다. 다시 자리에 누워보지만 나는 이제 잠을 이루지 못합니다. 별이 바람에 스치우던 작년의 밤과는 사뭇 다른 분위기입니다. 바람 한 점 없습니다. 그저 적요함이 사위를 둘러싸고 있을 뿐입니다.

동이 터옵니다. 산이 깨어나고 있습니다. 산등성이의 틈바구니를 비집고 비쳐오는 햇살의 파도를 따라 산이 서서히 잠에서 깨어나고 있습니다. 지난 연인산 잣나무 숲 속에서 맞던 아침과는 전혀 다른 분위기입니다. 그때는 숲의 한가운데에서 나무와 나무 사이로 스며드는 해를 맞이했습니다. 그러나 음양수라는 곳은 해발 1,400m의 고지대입니다. 멀리 산 아래가 훤히 내려다보이는 곳입니다. 태양이 떠오름에 따라 빛이 어둠을 거둬들이는 명확한 경계가 그어집니다. 빛의 파노라마가 저 멀리서부터 이쪽으로 서서히 다가오는 것을 확연히 볼 수 있었습니다. 아침의 태양이 연출하는 빛의 향연을 나는 보았습니다. 홀로 깨어.

"누구나 홀로 있는 시간을 가져야 한다. 그것도 자주. 특히 이른 아침이면 홀로 깨어 평원에 어리는 안개와 지평의 한 틈을 뚫고 비쳐오는 햇살 줄기와 만나야 한다. 어머니인 대지의 숨결을 느껴야 한다. 가만히 마음을 열고 한 그루 나무가 되어 보거나 꿈꾸는 돌이 되어 봐야 한다. 그래서 자기가 대지의 한 부분이며, 대지는 곧 오래 전부터 자기의 한 부분이었음을 깨달아야 한다."

"모든 영혼은 아침의 태양과 만나야 한다. 그 새롭고 부드러운 대지, 그 위대한 침묵 앞에 홀로 마주서야 한다."

나는 그날 인디언 추장 '오히예사'가 왜 모든 영혼은 아침의 태양과 만나야 한다고 했는지 깨닫게 되었습니다. 인간은 누구나 홀로 깨어 대지에 발 딛고 선 채, 위대한 침묵을 뚫고 아침을 몰고 오는 찬란한 태양을 만나는 신비한 체험을 해 보아야만 합니다. 꼭 해 보십시오. 행운을 빕니다.

존 뮤어 걷기 여행

2013년 7월 23일

아침 6시 30분 기상 | 아침 기온 8도 | 낮 기온 26도

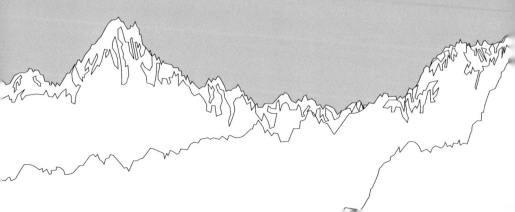

△ 견딘다는 것

새벽 호수 산책을 마치고 나서 다시 잠자리에 들었다가 한 시간 정도 깊은 토막잠을 자고 일어났다. 오늘 아침은 어제보다 기온이 더 떨어져 있다. 고도가 더 높은 지역이기 때문일까? 아니면 호숫가여서일까? 누룽지를 끓여 김치와 깻잎 반찬으로 아침을 해결한다. 송어에 미련이 많았던 주택 씨는 이른 새벽에 우리가 부스럭거릴 때 일어나서 낚싯대를 들고 호수로 나갔지만 역시나 소득이 없었다. 송어는 언제 먹어 보나. 야영지를 깨끗이 정리하고 8시에 오늘의 걷기 여행을 시작했다.

오늘은 전체적으로 별다른 오르막 없이 평탄하게 이어지는 걷기 길이다. 투올룸 메도우(Tuolumne Meadows)까지는 내리막이 이어지다가 이후에는 투올룸 강줄기를 따라 평지 길을 계속 걷게 될 것이다. 그래서 오늘은 '롱 데이'로 결정했다. 정말 지치도록, 미치도록 길게 걸어볼 생각이다. 아주 원 없이 한번 걸어보자.

어떤 이들은 혹독하게 스스로를 몰아붙이며 걷는 행위의 동기에 대해 이해할 수 없다는 반응을 보이곤 한다. 뭐 하러 그렇게 힘들게 땀 흘리며 걷느냐는 것이다. 고기도 먹어본 사람이 제 맛을 안다고 할까! 힘들게 걷고 난 후 느끼는 어떤 충만한 기운은 오직 걸어본 자만이 알 수 있는 환희이다.

마라톤에 '러너스 하이'가 있는 것처럼, 오래 걷기에도 극한상황을 견뎌

▲ 캐세드랄 호수를 뒤로 하고 오늘의 걷기 여행을 힘차게 출발한다.

낸 후 오는 묘한 쾌감이 있는 것 같다. 견딘다는 것은 얼마나 위대한 행위

인가! 신에게는 신의 영역이 있는 것처럼, 견딘 자들에게는 견뎌낸 자들만

의 영역이 분명 존재한다. 견뎌내지 못한 자들은 결코 알 수 없는.

삶은 견딤이다. 견디는 만큼만 나의 삶이다. 견뎌야 하는 일의 강도가 커질수록, 다시 말해 걷는 길이가 길어질수록 쾌감의 강도는 비례해서 강렬해진다. 하프 코스를 달린 것보다 풀코스를 달리고 난 후에 더 극렬한 감격이 밀려오는 것처럼. 고통에 수반된 엔도르핀의 분비라는 생리학적 해석만으로는 다 설명되지 않는 야릇한 성취감과 보람이 있다. 그래서 나는 오늘도 걷는다.

걷기만이 진정한 여행이다. 걷는 자만이 제대로 볼 수 있고 들을 수 있기 때문이다. 버스를 타고 보는 바깥 풍경은 마치 비디오카메라를 2배속으로 돌린 것처럼 휙휙 지나가버리는 헛 풍경이다. 걷는 자는 사물의 움직임을 마치 슬로우 비디오의 영상처럼 자세히 볼 수 있다. 나비의 날갯짓과 꽃잎의 흐느낌을 섬세하게 관찰하며 살아 있는 것들의 경이로움을 오롯이 느낄 수가 있다.

차를 타면 부릉거리는 엔진 소리에, 기차를 타면 철거덕거리는 철로 소리에 귀가 시달리게 마련이다. 걷는 자는 자연의 소리를 내밀하게 들을 수 있다. 콸콸 흘러내리는 시원한 물소리와 청아한 풀벌레 소리 그리고 새들의 예쁜 지저귐을 들을 수 있을 뿐만 아니라, 발밑에서 서걱거리는 흙의 숨소리와 바람에 춤추는 나뭇잎의 흥얼거림을 엿들을 수 있는 것이다. 그것이 바로 걷기 여행의 미학이다.

출발해서 투올룸 비지터 센타(Visitor Center)까지 4마일(6.4km)의 길을 두 시간 만에 걸어서 도착했다. 생각보다 힘이 넘치고 발걸음이 가볍다. 도중에 단아한 모습의 미국 할머니 네 분을 만났다. 동년배로 보이는 네 분의 할머니는 옷까지 비슷하게 서로 맞추어 입으셨다. 한국에서 왔다고 하니, 웰컴을 연발하며 반겨주신다.

칠십이 다 되어 보이는 나이임에도 밝고 쾌활한 기운을 잃지 않고 건강한 에너지를 발산하는 모습이 참 보기 좋다. 나도 저 나이 먹어서까지 세상 밖으로의 걷기여행을 계속 이어나갈 수 있을까? 나에게도 저 나이까지 여행을 함께 할 좋은 친구들이 남아 있을까? 어찌 알 수 있겠는가? 단지 그럴 수 있기를 바랄 뿐이다.

존 뮤어 길 초입부터 앞서거니 뒤서거니 여정을 함께 했던 보비와 찰리는 투올룸 비지터 센타에서 마지막으로 작별 인사를 나누었다. 그들은 일단 집으로 돌아갔다가 다시 시간을 내어 나머지 여정을 마칠 계획이라고 한다. 가고 옴이 자유로운 그들이 무척이나 부럽다.

▲ 첫날부터 함께 보조를 맞추어 걷다보니 무척 정이 들었던 길 위의 친구들

존 뮤어 걷기 여행

여행은 만남이다. 사람과의 만남이고 자연과의 대면이다. 엘리베이터 안에서는 눈인사조차 외면하던 사람들이 산에서는 오고 가며 힘내라고 인사를 건넨다. 자연의 품안에서는 마음의 문이 자연스레 열리기 때문이다. 여행에 대한 강렬한 기억들은 대개 여행지에서 만났던 사람들에게서 비롯된다. 여행이 우리를 그토록 설레게 하는 이유이기도 하다.

'이치고 이치에'라는 말이 있다. 원래는 '일생에 단 한 번뿐인 기회'라는 뜻이다. 차를 대접하는 마음가짐을 표현한 것으로, 차를 접대하는 지금 이 순간이 일생에 두 번 다시 되풀이 되지 않을 수도 있기에 지금 이 순간이 마지막인 것처럼 최선의 마음을 다하라는 말이다. 모든 사람은 한 번의 만남을 끝으로 다시는 만나지 못할 수 있으니 아무리 사소한 인연이라도 나중에 후회가 남지 않도록 소중히 대해야 한다는 의미일 것이다.

지금 이 사람과 이제 작별하고 나면 앞으로 죽을 때까지 다시 볼 수 없을지도 모른다. 아니, 못 볼 것이다. 찰나의 삶을 살고 있는 우주의 나그네가 어찌 다음을 기약할 수 있겠는가. 삶의 매 순간순간들이 소중하고 애틋한 이유이다. 늘 '이치고 이치에'의 마음으로 살아갈 일이다. 모든 것이 단 한 번뿐인 것처럼 간절하게.

투올룸 메도우는 존 뮤어 트레일 전체 구간 중에 차도와 만나는 몇 안 되는 접점으로 비지터 센터, 레인저 사무실을 비롯해서 롯지며 우체국, 그릴, 마트 등의 여러 편의시설이 들어서 있다. 그렇게 번화하다고 볼 수는 없지만 길이 제법 여러 가닥으로 갈라져 있어 약간의 혼선을 빚을 가능성이 있다.

존 뮤어 트레일은 비지터 센터를 통과한 후 도로를 가로질러 건너편 초원으로 연결되며 다시 다리 하나를 건넌 후에는 PCT와 만나는 지점에서 우측 방향으로 이어진다. 여기서부터 15분 정도 임도 같은 널찍한 길을 걷다가 만나게 되는 도로를 건너가면 JMT 표지판이 나타나며 길이 계속된다.

투올룸 초원은 투올룸 강을 중심으로 주변에 독특한 지형을 이루고 있어 가족 단위의 관광객들이 많이 찾는 곳이다. 이곳에 베이스캠프를 차려두고 주위의 산들을 등반하거나 캐세드랄 호수까지만 다녀오는 호수 트레킹을 즐기기도 한다. 그래서 그런지 그냥 가벼운 차림으로 초원을 산책하는 분들이 많이 보였다.

초원을 지나는 중에 독특하게 생긴 지팡이를 짚고 길을 걷던 할머니 한 분이 어디서 왔느냐며 먼저 말을 건네신다. 한국이라는 나라에서 왔으며 요세미티 공원에서부터 출발해서 존 뮤어 길을 걷고 있는 중이라고 말씀드렸더니, 정말 좋은 생각이라며 젊은 시절에 여행을 많이 하라고 당

▲ 트레킹에 대한 격려를 아끼지 않으셨던 당찬 할머니 여행자

▲ 나이가 들어도 건강이 허락하는 한 끊임없이 길을 걷고자 하는 그 의지는 어디에서 오는 것일까?

셋째날

103

부하신다.

길 위에서는 만나고 헤어짐이 계속 이어진다. 지구별 위에서 누군가 낯선 이를 만나서 서로 이야기를 나눈다는 것은 확률적으로 엄청나게 희박한 일이다. 그러니 얼마나 소중한 인연인가? 비록 다시 만나보기는 힘들겠지만 다시 만날 수 없다는 것, 다시 돌아올 수 없다는 안타까움이 그리움의 씨앗이 된다. 세월이 흐르며 그리움은 싹을 틔우고 꽃을 피운 후 또다시 그리움의 씨앗을 안은 열매를 땅 위에 떨어뜨린다. 가슴에 그리움을 가득 안고 살아가는 사람이 행복한 사람이다.

다리를 건너 임도를 걷는 중에는 노익장을 과시하는 할아버지 한 분을 만날 수 있었다. 퍼시픽 크레스트 트레일(PCT)을 구간별로 나누어서 시간 날 때마다 종주 중이라고 하신다. 나이를 물어보니 칠십이란다. 아

▲ 이 표지판이 보이는 곳에서 길을 건너지 말고 우측 도로를 따라 내려가야 식당과 우체국이 나온다.

존 뮤어 걷기 여행

직 아흔여섯인 어머니와 아흔일곱 살의 아버님이 살아 계시다며, 자신은 좋은 유전자를 물려받은 것 같다고 너털웃음을 지으신다. 이분에게 점심 먹을 식당을 찾고 있다고 했더니 도로에서 오른쪽으로 내려가라고 친절하게 가르쳐 주셨다. 그러나 우리는 그만 그의 조언을 무시하는 바람에 쓸데없이 생고생을 하게 된다.

도로 건너편에 서있는 '존 뮤어 트레일' 표지판을 발견한 순간 그만 너무 반가운 나머지 급하게 도로를 그냥 건너고 만 것이다. 그 노인의 말을 그다지 신뢰하지 못하고 무의식중에 무시한 탓도 있을 것이다. 20분쯤 진행하자 투올룸 롯지와 레인저 사무실이 나타났다. 그 근처에서 식당을 찾아 헤맸지만 도무지 발견할 수가 없었다. 하는 수없이 레인저 사무실에 들러 물어보니 식당과 우체국은 도로를 따라 내려가면 있다는 것이다. 아뿔싸.

⛺ 식량을 보충하다

그 무거운 짐을 지고 온 길을 다시 되돌아가려 하니 힘이 쭉 빠진다. 할아버님 말씀을 새겨들을걸……. 혹시나 하는 마음에 레인저에게 짐을 좀 잠시 맡아줄 수 없겠느냐고 하니 개인 소지품이라 안 된단다. 너무 무리한 요구였나?

실망한 채 터벅터벅 발길을 되돌린 순간 우리는 바로 앞의 주차장에서 커다란 철제 곰통을 발견했다. "저 곰통을 이용하면 되겠다." 우리는 기지를 발휘하여 철제 곰통에 배낭을 넣어두고 지갑만 빼든 채 식당으로 향했다. 배낭을 풀고 몸만 걸으니 발걸음이 그렇게 가벼울 수가 없다. 잠시지만 산뜻한 해방감이다.

도로를 따라 걷다가 다리 하나를 건너자 바로 그릴과 포스트 오피스가 나타났다. 이곳 그릴에서 햄버거와 치킨샌드위치로 충분히 열량도 보충하고 맥주도 한잔하며 휴식을 취했다. 식당 바로 옆에 붙어 있는 식료품점은 웬만한 물품과 인스턴트 음식, 과일 등을 다 갖추고 있었다. 우리는 식단표의 송어를 대체할 요량으로 예정에 없던 소시지와 베이컨, 치즈를 구매했다. 송어는 무슨 송어!

존 뮤어 걷기 여행

▲ 이곳에서 보충할 것을 생각하고 식량 계획을 세우면 배낭의 무게를 줄일 수 있을 듯하다.

존 뮤어 트레일을 종주하려는 사람들은 이곳의 우체국에 중간 보급할 식량을 미리 우편으로 부쳐두거나, 직접 와서 맡겨놓고 셔틀버스를 이용해 요세미티로 되돌아가서 트레킹을 시작한다. 실제로 우리는 이곳에서 점심을 먹는 동안 짐을 맡기러 온 한국 아저씨 세 분을 만날 수 있었다. 이분들은 존 뮤어 트레일을 이십 일 동안 완전 종주할 계획이라고 하신다. 겉으로는 지긋이 웃고 계셨지만 속으로는 비장한 각오를 다지고 있음을 결연한 표정에서 읽을 수 있었다. 아! 5일 걷는 것도 정말 힘들었는데 완전 종주라니…….

강 건너 왼쪽 길

JOHN MUIR TRAIL

▶ TUOLUMNE LODGE

TUOLUMNE PASS	6.3
VOGELSANG H.S.C.	6.9
DONOHUE PASS	12.1
MERCED LAKE	14.9
YOSEMITE VALLEY	27.7

▲ 이렇게 열심히 표지판을 살폈음에도 결국 엉뚱한 길로 들어서고 만다.

　점심을 맛있게 먹고 난 후 주차장으로 돌아와 배낭을 찾아 메고 다시 길을 나섰다. 맥주 한 캔을 마신 탓인지 머리가 무거워지면서 졸음이 살짝 몰려온다. 지도를 꺼내 오늘 우리가 갈 길을 확인한다. 강 하나를 건넌 후 왼쪽 길. 그러나 그 '강 건너 왼쪽 길'이라는 새김이 그토록 처절한 비극의 씨앗이 될 줄은 그땐 정말 미처 몰랐다. 왼쪽 길로 꺾어지면서 얼핏 본 갈림길 이정표의 지명들이 좀 낯설다는 느낌이 들기는 했었다. 그대로 직진하면 어디로 가게 되는지 그쪽을 바라보며 약간의 의심을 품기도 했었다.

그러나 우리는 마치 주술에 걸린 좀비들처럼 '강 건너 왼쪽 길'을 따라 하염없이 걸어 들어갔다. 계속되는 오르막 산길. 이상하다. 출발 전에 지도를 확인할 때는 분명 거의 평지에 가까운 길이었는데. 뭔가 이상하다는 느낌이 들어 앞서가는 이주택 씨를 불러 세운다. "이상해. 왜 자꾸 올라가지? 지도 좀 보고 가자고." 지도를 꺼내든다. "강 건너 왼쪽 길. 맞잖여." "그러게. 근데 이상하네. 등고선 상 평지에 가까운데 왜 자꾸 올라가지?" 이상하다는 생각을 하면서도 우리는 그 길을 계속해서 걸어 들어갔다. 약 먹은 좀비들처럼.

그렇게 한 시간 반가량을 진행했을 즈음 어디선가 차 소리가 들려오기 시작했다. "엥! 웬 도로?" 지도를 다시 꺼내든 우리들은 그제야 무엇이 잘못되었던 것인지를 알아차리고 머리를 치고 만다. 투올룸 롯지 지역을 빠져나오면서 작은 개울 하나를 건넌 후 1km를 직진해서 조금 더 가다가 더 큰 강을 건넜어야 했던 것이다. 그런데 작은 개울 하나를 건너면서 왼쪽으로 빠지는 길이 보이자 아무 생각 없이 바로 그 길로 접어들고 만 것이다. 이런 낭패가!

다시 돌아갈 생각을 하니 힘이 쭉 빠진다. 일찍 가서 강가에서 송어 잡을 생각에 몰두해 있던 주택 씨가 제일 실망감이 크다. 그가 제안을 한다. "우리 히치하이킹을 합시다." 그대로 한 시간 반을 다시 되돌아갈 엄두가 안 났던 것이다. 그의 제안에 따라 개울 건너 찻길에 올라 손가락을 세우고 흔들어 본다. 부앙~~ 차들은 질주를 멈추지 않는다. 때마침 처량하게도 비가 추적추적 내리기 시작한다. 부앙~~. "세 대만 더 시도해 봅시다." 부앙, 부앙, 부앙~~.

"안 되겠어." 신 단장님이 결단을 내리신다. 우리는 건넜던 개울을 다시 건너 왔던 길을 따라 힘없이 되돌아갔다. 선택의 여지가 없었다. 어차피 오늘 롱데이로 길게 걷기로 작심한 날 아니던가. 그래 걷자. 지치도록 걸어 보자.

왔던 길을 반대로 다시 걸으니 풍경이 또 달라진다. 올 때는 보지 못했던 나무와 바위들이 눈에 들어온다. 이렇게 큰 나무가 여기에 있었나! 달라진 풍경이 신기하지만 그래도 힘이 빠지는 것은 어쩔 수 없다. 이게 뭐람. 후회해도 소용없다. 그저 걸을 수밖에. 다들 그렇게 말없이 비실비실 늘어져서 걷고 있는데 으윽! 눈앞에 곰이, 곰이 나타났다.

우측 30m 전방 언덕 위. "단장님! 단장님! 곰 좀 보세요." "응, 어디 어디?" "저쪽, 저쪽이요." 브라운 컬러의 털을 가진 불곰이 어슬렁거리다가 저도 우리를 발견했는지 걸음을 멈추고 우리를 응시한다.

곰을 만났을 때의 1번 수칙. "호루라기를 불어 시끄러운 소리를 낸다. '저리 가!'를 외친다." 이번에 존 뮤어 트레킹을 간다고 하자 아침 운동 모임의 회원 한 분이 곰을 만나거든 이 수칙을 꼭 기억해야 한다며 당부하신 내용이다. 우리나라에도 자연 생태계의 복원을 위해 지리산에 반달곰을 방사하고 '곰 주의!' 표지판과 함께 여러 가지 안전 수칙을 안내하고 있다. 거기서 보았다는 것이다.

존 뮤어 걷기 여행

그런데 이런 젠장! 막상 곰과 마주치자 오금이 저리고 입이 굳어 아무 소리도 입에서 나오지 않는다. '절대 뒤를 보이고 도망치지 말라고 했지.' 그 생각만 난다. 눈을 응시하며 서서히 뒷걸음질. 뒷걸음질. 조심조심. 곰이 시야에서 벗어난 지점에서야 제대로 숨을 내쉬고 길을 다시 걷는다. 걸으면서도 뒷머리가 쭈뼛 서고 자꾸만 뒤를 돌아보게 된다. "곰, 안 따라오지?" 단장님의 발걸음이 갑자기 빨라지신다. 신 단장님이 월남전에 참전해서 정글을 누비셨단 말이 정말 사실일까?

원점으로 다시 돌아왔다. 세 시간을 허망하게 소비했다. 하는 수 없다. 운명이다. 받아들일 수밖에. 이정표를 확인하고 직진해서 리엘 강(Lyell river)의 다리를 건넌 후, 조금 더 진행해서 JMT 팻말을 만나고서야 겨우 안심이 된다. 처음 목표했던 지점까지는 갈 수 없을 테지만 일단 가는 데까지는 가보는 수밖에 없다.

어쨌거나 오늘 열두 시간을 걷기로 처음부터 마음먹었으니 시간을 채운 시점에서 적당한 곳에서 야영을 하면 될 것이다. 아무 곳이면 어떠하리. 이런 자유가 존 뮤어 여행자가 누리는 절대 행복이다. 길이 정말 좋다. '그래, 바로 이런 길이야.' 지치도록 걷고 싶었던 길. 길은 강물을 따라 초원을 따라 평탄하게 계속해서 이어진다.

한참을 묵묵히 걷다가 반대쪽에서 걸어오는 동양인 트레커와 마주쳤다. 존 뮤어 길에 들어서 처음 만나는 동양인이다. "어디서 오셨나요?" "일본이요." "아, 그렇군요. 반갑습니다. 저희는 한국에서 왔습니다." "어디까지 가시나요?" "PCT를 종주하는 중입니다." "언제 출발하셨는데요?" "May." 우와, 5월에 출발했다는 것이다. 벌써 두 달 넘게 길을 걷고 있는 셈이다. 그야말로 길 위의 나그네다. 몰골이 영락없는 노숙자 행색이다. 기념 촬영을 같이 하고 그의 무사 완주를 축원해준 후 다시 길을 나섰다.

▲ 작은 개울을 지나고, 다시 비교적 넓은 투올룸 강의 나무다리를 건너야 JMT 갈림길에 이를 수 있다.

▲ 두 달 동안 계속해서 길을 걷고 나면 어떤 생각이 들게 될까? 삶과 죽음의 두려움을 초월한 듯한 길 위의 나그네

셋째날

계속해서 걷기에 집중한다. 시간은 오후 다섯 시를 넘어서고 있다. 산 좋고, 물 좋고 정말 걷기 좋은 길이다. 마침 경치 좋은 쉼터를 발견하여 잠시 휴식을 취하기로 한다. 배낭을 벗어두고 강가로 내려가 오랜만에 머리도 감고 등물도 서로 해 준다. 오랜만에 맛보는 여유로운 시간이다.

발을 물에 담근 채 콧노래를 불러본다. 물이 무척 차다. 찬 기운이 발로부터 머리로 올라오니 피로가 물러가고 상큼한 기운이 샘솟는다. 하늘은 푸르고 강물은 흐르고. 예상치 못한 알바로 인해 약간의 초조감이 뒷머리를 누르고 있지만 이런 여유조차 즐길 수 없다면 그것을 무슨 도보 여행자라 할 수 있겠는가. 도보 여행자는 쉬고 싶을 때 쉴 수 있는 자유와 걷고 싶을 때 지치도록 걸을 수 있는 의지가 있어야 한다. 자유와 의지. 이 두 가지가 도보 여행자가 갖추어야 할 필수 덕목이다.

강가에서의 가벼운 휴식으로 몸과 마음이 다시 가뿐해졌다. 발걸음을 높이 하여 대지를 박차고 길을 걷는다. 입에서는 저절로 노래가 흘러나온다.

"내가 가는 길이 험하고 멀거라도 그대 함께 간다면 좋겠네.
우리 가는 길에 아침 햇살 비치면 행복하다고 말해 주겠네.
이러저러 둘러봐도 제일 좋은 건, 그대와 함께 있는 것.
그대 내게 행복을 주는 사람.

때론 지루하고 외로운 길이라도 그대 함께 간다면 좋겠네.
때론 즐거움에 웃음 짓는 나날이어서 행복하다고 말해 주겠네.
이러저러 둘러봐도 제일 좋은 건, 그대와 함께 있는 것.
그대 내게 행복을 주는 사람, 그대 내게 행복을 주는 사람."

존 뮤어 걷기 여행

길을 잃고 헤매면서 시간을 많이
허비했지만, 주변 풍광이 아름다
워서 쉬어가지 않을 수 없다. 도보
여행자는 언제나 쉬고 싶은 곳에
서 쉴 수 있는 마음의 여유를 가져
야 한다.

이제 걷는 일에 이골이 난 것일까? 등에 멘 무거운 배낭도 별로 의식이 되지 않는다. 그저 걸을 뿐이다. 걷는 보폭의 운율에 맞추어 몸이 춤을 추듯 움직인다. 걷기는 이제 하나의 춤사위가 되었다. 처음에는 힘들고 지치고 괴롭지만 계속 걷다 보면 어느 순간 걷는 일에 몸이 세팅이 된다. 몸에 변화가 일어난다. 그다음부터는 걷는 것이 숨 쉬는 것처럼 기계적인 일이 된다. 수영을 배울 때 어느 날부터 숨을 마시고 내뱉는 것이 자연스러워지는 것과 같은 이치이다. 아무런 의식을 하지 않고 그저 리듬에 맞추어 걷고 또 걷다 보면 어느 순간 몸과 영혼이 가벼워지면서 무념무상의 세계에 진입하게 된다. 그것이 걷기 미학의 진수이다.

존 뮤어 걷기 여행

송어를 잡다

리엘 강을 따라 계속 걷다 보니 건너편에서 낚시를 하고 있는 사람이 보인다. "좀 잡았어요?" "네." "몇 마리나?" "포티." "포틴?" "포티." 우와, 사십 마리나 잡았단다. 어느 새 낚싯대를 쥐어 든 주택 씨의 얼굴이 벌겋게 상기되어 있다. "먼저들 가세요. 저는 여기서 낚시 좀 하다가 뒤따라갈게요." 어제 캐세드랄 호수에서의 분이 아직 풀리지 않은 모양이다. 그럴 만도 하지. 기껏 무겁게 낚싯대 메고 바다 건너 왔는데 송어는 구경도 못 하고 있으니 말이다.

우리는 송어 좀 많이 잡아오라는 응원의 기를 불어 넣어주고 가던 길을 재촉했다. 날도 어둑해지고 더 이상 가는 것은 무리라는 생각이 들 때쯤 길에서 잘 보이는 언덕 아래에 좋은 야영지를 발견했다. 언덕 위쪽에는 우리보다 먼저 도착한 한 가족으로 보이는 야영 팀이 이미 자리를 잡고 있었다. 너무 멀리 가면 주택 씨가 혼자 찾아오기가 버거울 것이었다. 오늘은 여기서 자기로 하자. 걸을 만큼 걸었다.

해 저무는 들판. 모닥불을 피우고 밥을 짓는다. 인디언의 야생, 그대로다. 모닥불을 쬐고 서서 어둠이 시나브로 내려앉는 투올룸 들판을 바라본다. '주택 씨는 송어를 좀 잡았을까? 오늘 저녁 메뉴는 송어 매운탕인데……'

▲오늘도 모닥불과 함께 야영을 시작하고, 모닥불과 함께 야영의 막을 내린다. 서부 개척 시대의 개척자들도, 숲속의 인디언들도 모두 밤에는 모닥불을 피웠을 것이다.

　9시가 다 되어 땅거미가 완전히 진 뒤에야 마침내 주택 씨가 돌아왔다. 조그만 송어 한 마리를 손에 든 채. 송어가 있긴 있었던 모양인데 잡기가 여간 어렵지 않았던 모양이다. 미끼도 다 떨어지고, 챔질이라든지 기술적인 문제도 있었던 것 같고. 다 잡았던 송어를 아깝게 떨어뜨리기도 했다고⋯⋯.

　이놈을 회를 쳐 먹을지, 불에 구워 먹을지 궁리하다가 그냥 소시지 부대찌개에 넣어 먹기로 한다. 귀한 송어다. 미리 준비해 간 매운탕용 양념 고추장을 물에 풀고 낮에 구입한

존 뮤어 걷기 여행

베이컨과 소시지를 넣어 함께 끓이니 근사한 송어 부대찌개가 완성이 됐다. 송어 한 마리를 잘 발라서 네 명이서 일인당 두 점씩 젓가락으로 떼어 먹는다. 송어 맛이 참 달다. 그렇게 존 뮤어 길 위에서의 세 번째 밤이 깊어갔다.

어느 해 겨울 연인산 비박

겨울 산을 오르면서 나는 본다.

가장 높은 것들은 추운 곳에서

얼음처럼 빛나고,

얼어붙은 폭포의 단호한 침묵.

가장 높은 정신은

추운 곳에서 살아 움직이며

허옇게 얼어터진 계곡과 계곡 사이

바위와 바위의 결빙을 노래한다.

간밤의 눈이 다 녹아버린 이른 아침,

산정(山頂)은

얼음을 그대로 뒤집어쓴 채

빛을 받들고 있다.

만일 내 영혼이 천상(天上)의 누각을 꿈꾸어 왔다면

나는 신이 거주하는 저 천상(天上)의 일각(一角)을 그리워하리.

가장 높은 정신은 가장 추운 곳을 향하는 법.

저 아래 흐르는 것은 이제부터 결빙하는 것이 아니라

차라리 침묵하는 것.

움직이는 것들도 이제부터는 멈추는 것이 아니라

침묵의 노래가 되어 침묵의 동렬(同列)에 서는 것.

존 뮤어 걷기 여행

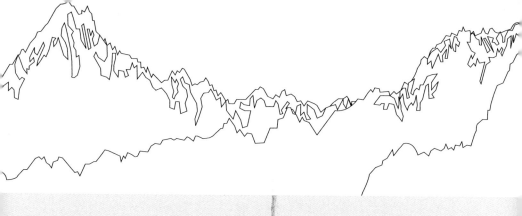

그러나 한번 잠든 정신은
누군가 지팡이로 후려치지 않는 한
깊은 휴식에서 헤어나지 못하리.

— 조정권의 시 〈산정묘지 1〉 중에서

산 밑의 세상은 눈이 다 녹아버려 질척하고 비루하지만, 산정은 눈얼음을 뒤집어쓴 채 하얗게 빛납니다. 산 밑은 정신적인 공해로 가득 차 있지만, 산정은 맑은 고요와 침묵으로 가득합니다. 가장 높은 정신은 가장 추운 곳을 향하는 법. 나는 어둠이 서서히 내려앉는 밤의 산길을 따라 가장 추운 곳, 가장 높은 곳을 향해 걸어 올랐습니다. 육신은 땀으로 젖어 갔고, 영혼은 잣나무 향에 촉촉이 젖었습니다.

노을이 고왔습니다. 하늘은 황금빛으로 빛나다가 붉어져 갔으며, 붉었다가 이내 사위어 갔습니다. 우정봉 마루에 올라 시시각각 변화하는 빛의 향연을 구경했습니다. 아무의 방해도 받지 않은 채 한 세상에서 다른 세상으로 넘어가는 어스름의 유장한 흐름을 관찰했습니다. 땅거미가 내려앉고 사위가 어두워지는 것에 맞춰 산 아래 마을엔 불빛이 하나 둘 들어오기 시작합니다. 종종거리며 부산스럽던 움직임들이 하나 둘 어둠속으로 모습을 감춥니다. 기억이 추억으로 가라앉고, 슬픔이 안식의 밑으로 스미는, 나는 이 어스름 녘이 좋습니다.

사랑이 시작되기 전에 설렘이 먼저 찾아오는 것처럼, 해가 뜨기 전부터 동녘 하늘은 붉게 물들기 시작합니다. 사랑이 가고 없어도 진동과 잔향이 남는 것처럼, 해가 지고 난 후의 하늘도 번짐의 여운을 남기고 끝이 났습니다. 그러나 시간이 흐르면 결국 잊어지게 되는 것처럼, 빛이 사그라지자 이내 어둠이 밀려왔습니다. 그리고 사방은 금방 어둠으로 가득 찼습니다. 노을이 물러간 하늘은 이제 별들의 세상입니다.

별이 빛나는 밤에 나는 침묵의 산에 올랐습니다. 휘잉~휭 바람소리와 뽀드득뽀드득 눈길을 밟는 발걸음 소리만이 고적을 뚫고 지나갈 뿐입니다. 한번 잠든 영혼은 깊은 휴식에서 헤어나기 힘든 법. 나는 잠들지 않기 위해 계속해서 걸었고, 영혼을 깨우기 위해 누군가를 계속해서 떠올렸습니다. 높이 올라갈수록 발걸음은 무거워졌지만 영혼은 가벼워졌습니다. 가파른 고개 하나를 넘을 때마다 육신은 피로의 누적을 토로했지만, 마음의 번뇌는 점점 사라져갔습니다. 나는 고통스러웠지만 편안했고, 힘들었지만 자유로웠습니다. 묵묵한 발걸음 끝에 아무 생각도 없어지는 순간, 설명할 수 없는 기쁨이 밀려왔습니다. 삼천배의 고행을 하고 나면 이런 느낌일까요?

2조(二祖) 혜가는 눈 속에서 자기 팔뚝을 잘라 바치며
달마에게 도(道) 공부하기를 청했다는데
나는 무슨 그리 독한 비원도 이미 없고
단지 조금 고적한 아침의 그림자를 원할 뿐
아름다운 것의 슬픔을 아는 사람을 만나
밤 깊도록 겨울 숲 작은 움막에서
생나뭇가지 찢어지는 소리를 들으며
그저 묵묵히 서로의 술잔을 채우거나 비우며
다음날 아침이면 자기 팔뚝을 잘라 들고 선
정한 눈빛의 나무 하나 찾아서
그가 흘린 피로 따듯하게 녹아 있는

존 뮤어 걷기 여행

동그란 아침의 그림자 속으로 다람쥐 한 마리
종종 걸어 들어오는 것을 지켜보고 싶을 뿐
작은 새의 부리가 붉게 물들어
아름다운 손가락 하나 물고 날아가는 것을
고적하게 바라보고 싶을 뿐

그리하여 어쩌면 나도 꼭 저 나무처럼
파묻힐 듯 어느 흰 눈 오시는 날
마다 않고 흰 눈을 맞이하여 그득그득 견디어주다가
드디어는 팔뚝 하나를 잘라들고
다만 고요히 서 있어 보고 싶은 것이다
작은 새의 부리에 손마디 하나쯤 물려주고 싶은 것이다

— 김선우, 〈입설단비(立雪斷臂)〉

아름다운 것의 슬픔을 아는 사람을 만나고 싶었습니다. 밤 깊도록 그저 묵묵히 서로의 술잔을 채우거나 비우고 싶었습니다. 무슨 독한 비원이 있는 것은 아니지만, 북풍한설이 휘몰아치는 차가운 겨울날, 깊은 산 속 움막집에 자리하고 앉아 타닥타닥 나무 타는 소리와 나무 타는 냄새를 맡으며 밤새 술을 마시다가 고적한 아침을 맞고 싶었습니다.

그날 밤 나는 아름다운 것의 슬픔을 아는 사람들을 만났습니다. 우리는 서로의 술잔을 채우며 살아온 날들과 살아갈 날들에 대해서 깊은 대화를 나누었고, 겪어본 산들과 겪어보고 싶은 산들을 떠올리며 웃었습니다. 하고 싶은 것과 하기 싫은 것에 대해서 이야기했고, 참을 수 없는 것들과 참아야만 하는 것에 대해서 의견을 나누었습니다.

우리는 서로를 골리면서도 웃을 수 있었고, 사소한 것으로 고집을 부리면서도 미워

하지 않았습니다. 현악기의 줄들이 각각 홀로 있으면서 함께 어울려 아름다운 음악을 만들어내듯이, 우리는 각자의 자리에서 각자가 맡은 소리를 내기에 충실했고, 상대방의 고유의 영역은 침범하지 않았습니다. 그래서 우리는 부담 없이 흥겹게 취할 수 있었습니다.

잠시 밖으로 나왔습니다. 배설의 쾌락은 비움에서 옵니다. 비워낼 때 가벼워지고, 가벼운 만큼 자유로워집니다. 방광을 비워내고 번뇌를 내려놓자 머리는 하늘을 향했습니다. 밤하늘에 총총히 빛나는 별들. 별을 헤고 있노라니 별 하나에 추억(追憶)과 별 하나에 사랑과 별 하나에 어머니, 어머니를 외치던 윤동주가 생각났고, 별을 사랑했던 화가 빈센트 반 고흐가 보고 싶어졌습니다. "별이 반짝이는 밤하늘은 늘 나를 꿈꾸게 한다." 고흐를 '태양의 화가'라고 흔히들 말하지만, 저는 그를 '별의 화가'라고 부릅니다. 고흐는 밤이 주는 영감을 무척이나 좋아했던 사람입니다. 보랏빛 하늘에 초록으로 번지는 고흐의 별을 보고 있으면, 내 마음을 들킨 듯 가슴이 두근거립니다.

어릴 적, 혼자 외갓집에 보내지곤 했습니다. 동생들이 생겨 미처 돌보기가 힘드셨던 어머니가 한 번씩 저를 외갓집에 보냈던 것 같습니다. 가끔은 엄마가 보고 싶다고 울곤 했대요. 그러면 할머니가 등에 업고 버스가 지나다니는 신작로에 데리고 가서 오늘은 버스가 끊겼으니 내일 가자며 달래셨다고 합니다. 언제나 내일이고 또 내일이었지만……

그때 벌써 어린나이에 외로움과 고독의 실체를 알아버렸던 것일까요? 그때부터 푸르게 반짝이는 별을 보며 우주와 영원성에 대한 막연한 동경을 품게 된 것일까요? 별이 나오는 「어린 왕자」 이야기를 좋아하는 것도, 별이 들어간 노랫말을 좋아하는 것도, 제가 비박을 유난히 고대하는 것도 모두 다 별을 만날 수 있기 때문입니다. 서울의 밤하늘은 죽었습니다.

2013년 7월 24일

아침 6시 30분 기상 | 아침 기온 5도 | 낮 기온 25도

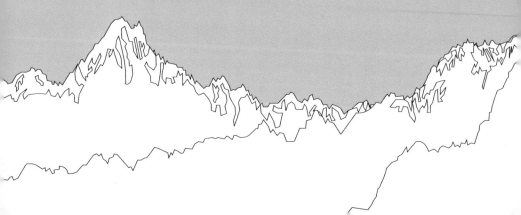

녹초가 되도록 걷고 나면

이제 불면증은 사치다. 잠이 오지 않을 때, 슬픔이 엄습했을 때 우리 마음을 안정시키는 최고의 자연 수면제는 '녹초'다. 녹초가 되도록 걷고 나면 어떠한 저항도 하지 못하고 스르르 잠의 세계로 빠져들게 마련이다. 박 원장님의 격한 코골이도, 신 단장님의 잠꼬대 섞인 신음 소리도 더 이상 수면에 방해가 되지는 못했다. 깊이 잠들었다가 눈을 떠 보니 다음 날 아침이다.

▼ 안개 자욱한 몽환적인 초원의 아침

사방이 축축하다. 습도가 낮은 캘리포니아, 게다가 건기이지만 강가라서 그런지 텐트며 배낭 커버가 온통 이슬에 젖어 있다. 심지어 엷게 살얼음이 끼어 있기까지 하다. 간밤에 기온이 영하까지 내려갔었던 모양이다. 들판엔 물안개가 가득하다. 몽환적인 아침 풍경이다. 텐트를 빠져나와 멋진 아침 풍경을 감상하며 기지개를 켜는 순간 아랫배에 소식이 온다. 으윽.

국립공원에서의 배변 수칙은 제법 엄격하다. 물가로부터 30m 이상 떨어질 것. 땅을 15cm 이상 깊이 팔 것. 똥 휴지는 같이 묻지 말고 따로 비닐 팩에 모아 하산 후 버릴 것. 1번, 2번 수칙은 지킬 수 있었지만 3번 수칙은 차마 지키지 못하고 소각을 하는 차선책을 선택했다. 사실 소각 규칙도 엄격하여 비닐 등은 다이옥신을 배출한다며 소각을 금지하고 있다. 배변을 하러 가는 나를 발견한 박 원장님이 땅 파기 귀찮다며 기왕이면 깊이 파서 같이 이용하잔다. 어떨 땐 깔끔해 보이는 분이 때론 참 무심하다.

아침은 전날 구입한 베이컨을 이용해서 맛있는 김치찌개를 끓여 먹었다. 아침을 먹은 후에는 우리 모임 회원 한 분이 이번 존 뮤어 걷기 여행을 위해 특별히 선물해 주신 '히말라야의 선물'이라는 고급 원두커피를 우려냈다. 원두커피라서 그런지 커피 향이 아주 그윽하다.
따뜻한 컵을 두 손으로 감싸고 커피 한 모금을 입에 머금은 채 물안개 피어오르는 들판을 바라본다. 이 맛이다. 알싸한 공기 사이로 하얀 입김을 후 불며 후르릅 입에 머금는 한 잔의 커피는 일상의 찌든 때를 그대로 씻어 내리는 한 잔의 정화수다. 목젖을 따라 가슴으로 스미는 한 잔의 따끈한 이 모닝커피가 그리워 비박을 자꾸 가게 되는 것인지도 모르겠다. 때맞추어 박 원장님의 휴대용 스피커에서 '조지 윈스턴'의 피아노 연주까지 흘러나오니 이런 낭만이 따로 없다. 정말 평화롭고 행복한 아침이다.

오늘의 걷기 여행에 나서기에 앞서 박 원장님의 집도로 외과 수술 한 건이 거행되었다. 신 단장님의 발바닥에 커다랗게 물집이 잡힌 것이다. 박 원장님은 노련한 솜씨로 물집을 소독하고 바늘 끝에 실을 꿴 후 과감하게 물집에 찔러 넣었다. 양수가 터지듯 물이 빠지고 물집이 가라앉는다. 물집 반대쪽으로 바늘을 통과시킨 후 실을 남겨두고 바늘을 제거한다. 수술은 성공리에 끝났다. 아무런 고통 없이.

◀일단 물집이 잡히면 무척 고통스럽다. 물집이 생기기 전에 발 관리를 잘해서 미리 예방하는 노력이 필요하다.

말끔하게 뒷정리를 마친 후 8시부터 길을 나섰다. 오늘은 이번 걷기 여행에서 가장 높은 고지인 해발 3,352m의 도나휴 패스(Donahue Pass)를 넘어야 한다. 어제 세 시간을 허비하는 바람에 일정이 조금 빡빡해졌다. 오늘밤 야영을 할 최종 목적지를 가네트 호수(Garnet Lake)에서 사우전드 아일랜드 호수(Thousand Island Lake)로 변경하기로 한다.

넷째날

▲ 어떠한 말도 표현할 수 없을 정도로 아름답고 영롱한 아침 풍경이다. '강 같은 평화'라는 말은 투올룸 강가의 풍경에서 비롯된 게 아닐까?

존 뮤어 걷기 여행

아침 햇살이 눈부시다. 풀잎마다 송골송골 맺힌 아침 이슬들이 수정 구슬처럼 반짝인다. 물안개는 계속해서 피어오르고. 이토록 평화로운 풍경이 이 세상 또 어디에 있을까? 어제 만약 어두운 저녁 시간에 이곳을 급하게 지나쳐 갔다면 영원히 보지 못했을 풍경이다. 새옹지마라더니……. 모든 인연은 그렇게 다 운명적이다. 우리가 어제 식당을 찾아 헤매고 길을 잘못 들어 알바를 하며 시간을 소모한 일들이 모두 다 이 투올룸 초원의 아름다운 아침 풍경을 만나게 하기 위한 운명의 이끎 아니었을까, 하는 생각이 든다.

▲ 존 뮤어 여행 중에 가장 평온하고 아름다웠던 아침 풍경 속을 걷는다.

길을 걷는다. 발걸음이 가볍다. 어제 완전히 방전됐던 몸이 하룻밤 새 다시 완전히 충전이 됐다. 입에서는 어제부터 저절로 흘러나오던 해바라기의 '행복을 주는 사람'이 또 홍얼거려진다. "내가 가는 길이 험하고 멀지라도 그대 함께 간다면 좋겠네. 우리 가는 길에 아침 햇살 비치면 행복하다고 말해 주겠네. 이리저리 둘러봐도 제일 좋은 건, 그대와 함께 있는 것."

이 풍경, 이 분위기, 이 기분 하나만으로도 이번 존 뮤어 여행의 본전을 뽑았다는 생각이 든다. 정말 행복한 걷기 여행이다.

▲ 길 위에서 만난 한국 분들, 그냥 무조건 반가운 마음이 들었다.

출발한 지 얼마 되지 않아 우리는 막 야영지를 정리 중이던 일단의 사람들을 만날 수 있었다. 멀리서 볼 때도 왠지 눈에 익은 행색이다 싶었는데, 아니나 다를까 가까이 다가가 보니 한국 분들이다. 한국 아줌마들은 멀리서 봐도 티가 난다. LA 근교의 '리버 사이드'라는 동네에서 오셨다고 한다. 이런 낯선 땅에서 한국말을 쓰는 교포 분들을 만나니 고향 사람 만난 듯 그렇게 반가울 수가 없다. 이분들은 우리가 최종 목적지로 잡고

존 뮤어 걷기 여행

있는 '레즈 메도우'에서 출발해서 '투올룸 메도우'까지만 걸으실 예정이라
고 한다. 이 정도면 2박 3일 내지는 3박 4일이면 충분히 여행할 수 있는
거리이다. 당신들도 사실 자주는 못 오신다며, 이번에 큰 맘 먹고 이곳에
오려고 미리 예행연습도 하고 체력 훈련도 했다고 하신다. 반가운 마음
에 함께 기념사진을 찍었다. 이것도 인연이다.

우리가 잤던 곳에서 한 시간 정도 지나 제법 경사진 길을 치고 오른 끝에 맥루어 크릭(Maclure Creek)이 만나는 지점을 통과했다. 당초에 우리가 야영지로 찜했었던 장소이다. 이곳에도 물이 있고, 야영할 만한 자리들이 몇 군데 있지만, 비교하자면 어젯밤에 우리가 잤던 곳이 경치며 풍광이 훨씬 더 좋았다. 이런 걸 전화위복이라고 하나. 가이드북에는 이곳을 '리엘 베이스 캠프'라 하여 인기 있는 야영지로 추천하고 있다. 더하여 시간과 여력이 있다면 여기서 1마일 정도를 더 올라가서 만나게 되는 작은 호숫가에서 야영할 것을 권하고 있다.

과연 한 시간 정도 경사진 길을 지그재그로 치고 오르자 리엘 강의 발원지라는 작은 호수가 나타났다. 이 높은 곳에 이런 아름다운 호수가 있다니. 호수 주변엔 몇 군데 야영의 흔적들이 남아 있었다. 이곳에서 야영을 하며 밤하늘에 빛나는 별들을 본다면 정말 좋을 것 같다는 생각이 든다. 그러나 어젯밤에 우리가 이곳까지 부득부득 오려고 했다면 목숨을 걸어야 했을 것이다.(세 시간을 허비하지 않았다면 가능했을지도 모르겠다.)

호숫가에 다다를 즈음 두 명의 멋진 여성을 만났다. 솔라 충전기와 GPS, 비상호출무전기까지 갖춘 대단한 여성들이다. 존 뮤어 트레일을 종주 중이라고 한다. 한 분은 나이가 들어 보여 물어보니 신 단장님과 동갑인 65세이다. 나이를 서로 확인하고는 두 분이서 친한 친구를 만난 듯 무척 반갑게 인사를 나누신다. 이곳 호숫가에서 방향을 잡지 못하고 잠깐 길을 헤매기도 했는데, 이때 그분들이 GPS와 지도를 들고 정확한 길을 찾아내는 것을 보고 감탄을 하기도 했다. 길이 호수를 끼고 오른쪽으로 나 있는 걸 모르고 우리는 호수의 왼쪽으로 들어섰던 것이다. 가다보니 길이 끊겨 있어 순간 당황했었다.

도나휴 패스를 넘기까지 고도를 높여가면 두 개의 작은 호수를 더 만날 수 있다. 그러니까 말하자면 삼단 호수라고 할 수 있을 것이다. 빙하 만년설이 녹은 물이 흘러내리며 호수를 이루고, 또 내려가다가 층층이 호수를 이룬 것이다. 이런 높은 곳에서 호수를 보고 있으니 마치 백두산 천지를 보는 것 같은 기분도 든다. 물이 어찌나 맑던지 참지 못하고 컵에 그대로 떠서 한 모금 쭉 들이켰다. 물이 참 서늘하다.

존 뮤어 걷기 여행

기분 좋은 착각

발끝에 힘을 모아 고도를 높여간다. 주변은 온통 바위투성이의 너널길
이다. 고도를 높여갈수록 호수들이 발 아래로 가라앉고 설산들이 눈앞
에 다가선다. 흰 구름 뭉게뭉게 피어 오른 푸른 하늘이 청아하다. 아! 정
말 장쾌한 풍경이다.

여행을 하는 첫 번째 목적은 아름다운 경치를 만나기 위함이다. 우리
가 멀리서부터 존 뮤어 트레일을 찾아온 주된 이유도 다 이렇게 멋진 경
치를 만끽하기 위함일 것이다. 그러기 위해서는 튼튼한 몸이 있어야 한
다. 여행을 위한 첫 번째 필수 조건은 바로 건강이다. 우리에게 이렇게 힘
차게 걸을 수 있는 건강한 몸이 있고, 사물을 볼 수 있는 두 눈이 있다는
것은 얼마나 큰 축복인가!

헬렌 켈러는 사흘만이라도 볼 수 있기를 갈망했지만, 거꾸로 우리가 사
흘쯤 눈이 머는 체험을 하게 된다면 비로소 볼 수 있음의 소중함을 절감
하게 될 것이다. 안타까운 사실은 우리가 눈을 뜨고도 주위에 있는 아름
답고 소중한 것들을 알아보지 못하는 눈뜬장님으로 삶을 살아가고 있다
는 것이다.

고도계를 보니 3,000미터를 넘어서고 있다. 다행히 고소 증세는 전혀
느껴지지 않는다. 최고 높이가 3,370미터이니 앞으로도 300미터는 족히
더 올라가야 할 것이다. 각오를 단단히 하고 힘을 내본다. 그러나 얼마 가

지 않아 작은 팻말이 서 있는 곳에 한 무리의 사람들이 모여 있는 것을 발견했다. 여기가 도나휴 패스(Donahue Pass, 3,370m)의 정상이란다. 뭐야 이거! 고도계에 오류가 있었던 것이다. 이런 맥 빠지는 경우가 있나!

그러나 신 단장님은 얼굴에 희색이 만연이다. 300미터를 더 올라가야 한다고 해서 이제 죽었다고 생각하셨단다. 그런데 이렇게 100미터도 오르지 않아 불쑥 정상이 나타났으니 얼마나 반가웠겠는가? 살다보면 가끔은 이렇게 기분 좋은 오류나 착각도 겪게 된다.

정상에는 단체 트레킹에 나선 중학교 학생들과 선생님들이 토스트를 구워 먹으며 점심 요기를 하고 있었다. 우리는 정상을 정복한 정복자로서의 기쁨과 성취를 서로 나누고 서로 기념 촬영을 해 주기도 하며 잠시나마 즐거운 시간을 가졌다. 그러나 사실 정상을 너무 싱겁게 오른 탓인지 격한 감동 같은 것은 일지 않았다. 종주자 입장에서 보면 사실 정상이랄 것도 없는 곳이다. 먼 여정 중에 넘게 되는 하나의 고개일 뿐.

▼ 도나휴 패스 직전의 바위 지대, 정상부까지 가파른 너덜길이 이어진다.

▲ 정상에는 다른 표식은 없고, 인요 국유림(Inyo National Forest)을 나타내는 목판만 덩그러니 서있다.

▲ 우리나라에도 뙤약볕 아래에서 국도를 걷는 고행보다는 산길을 걸으며 자연 속에서 함께 호흡하며 야영을 즐기는 청소년을 위한 프로그램이 많이 도입되기를 꿈꿔본다.

존 뮤어 걷기 여행

▲ 도나휴 패스를 경계로 풍경이 확 달라진다.

도나휴 패스를 지나 하산 길은 그늘이 별로 없는 암반지대이다. 여기서부터는 엔젤 아담스 국립공원(Ansel Adams Wilderness) 관할 구역이면서, 인요 국유림(Inyo National Forest)에 속하는 지역이기도 하다. 표지판부터가 철판을 사용하던 요세미티 지역과는 달리 나무 목판으로 되어 있어서 인상적이었다. 개울을 건너는 다리도 쓰러진 나무 원목을 그대로 재활용해서 만든 것이다. 요세미티 국립공원보다 좀 더 자연친화적인 정책을 쓰는 듯한 느낌이 든다.

'어디 적당한 곳에서 점심 식사를 해야 할 텐데……' 개울물은 여기 저기 흐르지만 태양이 강렬하게 내리쬐고 있어 쉴 만한 그늘을 찾는 것이 급선무였다. 밤에는 거의 영하의 기온까지 내려가지만 한낮에는 여전히 뜨거운 태양을 피하고 싶어진다. 도나휴 패스에서 한 시간쯤 내려온 지점에서 겨우 한 조각의 나무 그늘을 찾아 여장을 풀었다.

점심 메뉴는 '짜파구리'다. 짜파게티와 너구리를 함께 넣어 끓여 먹는 퓨전 면 요리이다. '아빠 어디 가?'라는 TV 쇼에 방영된 후 선풍적인 인기를 끌었던 바로 그 메뉴다. 입맛 없던 차에 얼큰한 너구리와 구수한 짜장이 합쳐지니 절묘한 맛이 난다. 지치고 입맛을 잃은 상태에서의 점심 요리로는 최고의 선택이다. 정말 별미였다.

존 뮤어 걷기 여행 동안의 모든 식단표와 계획은 내가 주도해서 짰다. 당연히 주방장 자리도 내가 꿰차고 앉아 모든 요리를 손수 만들어냈다. 나는 요리하기를 무척 좋아한다. 요리를 하는 동안은 머릿속에 창조적인 아이디어가 샘솟는다. 주어진 재료를 이용해서 임기응변하는 묘미가 있다.

예를 들어 떡볶이를 해 먹어도 절대 같은 레시피를 반복하지 않는다. 냉장고에 남아 있는 재료들을 이용해서 그때그때 변형을 가한다. 하다못해 파의 파란 잎사귀 쪽과 하얀 대 부분을 구분해서 넣고 맛을 비교해 보거나, 후춧가루의 양을 섬세하게 달리하며 새로운 맛을 탐구한다. 그래서 요리는 하나의 행위예술이며 아트라는 생각이다. 명장 요리사는 어떤 의미에서는 예술의 경지에 오른 사람과 동격이다.

존 뮤어 걷기 여행

자연이 아름다운 건 질서가 있기 때문

점심을 먹은 후에는 젖은 옷과 양말이랑 침낭을 뽀송뽀송 마르도록 바위에 널어두고 각자 잠시 휴식 시간을 가졌다. 나는 막간을 이용해서 낮잠을 즐기기 위해 평평한 그늘을 찾아 매트를 깔고 자리에 누웠다. 바람은 솔솔 불어오고 하늘은 드높고 정말 꿀맛 같은 휴식이다.

여행자는 때때로 이렇게 대지에 등을 대고 누워 하늘을 올려다보는 시간을 가져야 한다. 볼에 부딪는 바람의 상쾌함과 부드럽게 감싸는 햇볕의 따사로움을 감지할 수 있어야 한다. 자연의 속삭임에 반응하고 교감할 줄 알아야 한다. 자연의 품에 안겨 드러눕기도 하고 기지개도 켜고 잠도 자고. 그렇게 바람과 놀고 햇살과 사랑을 나눌 줄 아는 자가 진정한 여행자이다.

자리를 정리하고 일어나 힘을 내서 오후 산행을 시작한다. 도나휴 패스를 넘어 너널지대를 지나온 이후로는 맑은 개울과 예쁜 꽃들의 세상이다. 빨갛고 노란 꽃들과 보랏빛, 분홍빛 꽃들이 너른 평원 여기저기 군락을 이루고 있다. 아름답다는 찬사가 절로 나온다. 아름다운 야생화들을 보고 있노라니 문득 자연이 아름다운 것은 그들 나름대로의 질서가 있기 때문이 아닐까 하는 생각이 든다. 자연에는 서로를 배려하며 살아가는 규칙과 배열이 있다. 그것이 오랜 시간 진화해오며 생존을 위해 터득한 자연의 섭리일 것이다.

거꾸로 인간 세상이 아름답지 못한 것은 그 안에 질서가 없기 때문 아닐까? 서로 먼저 가려하고, 더 많이 가지려 하고, 자신의 영역을 고집하다가 종내는 타인의 영역까지 침범해서 분쟁을 일으키고 만다. 자연은 욕심이 없다. 그러한 대로 살아간다. 성글게 뿌려서 필요한 만큼만 거둔다. 나머지는 기꺼이 사라져간다. 주어진 자리에서 던져진 대로 견디며 살아갈 뿐이다. 주어진 상황에 만족하고, 적응하고, 분수를 지키는 것. 그것이 자연이 오랜 세월 터득한 최선의 생존방법이다.

존 뮤어 길 위의 꽃들

사우전드 아일랜드 호수(Thousand Island Lake)까지 가기 위해서는 중간에 몇 개의 갈림길을 지난 후 아일랜드 패스(Island Pass, 3110m)를 넘어야 한다. 가이드북에는 도나휴 패스에 비하면 별것 아닌 것처럼 기술되어 있지만 걸어보니 생각보다 만만치가 않았다. 실제로 아일랜드 패스도 해발 3,000미터가 넘는 높은 고갯길인 것이다.

패스를 넘은 이후에는 다행히 순탄한 길이 이어졌다. 몇 개의 개울을 건너고 약간의 내리막인 평지 길을 걷고 나니 순간 눈앞에 절경의 호수가 내다보이는 조망 포인트가 나타난다. 아! 저기가 천 개의 섬이 있다는 그 사우전드 아일랜드 호수구나. 참으로 숨이 멎을 것 같은 절경이다.

▲ 사우전드 아일랜드 호수를 향해 걷는 아름다운 길들

예술 작품을 보고서 휘청거리며 쓰러질 듯 감격하는 것을 '스탕달 신드롬'이라고 한다. 자연을 보면서도 마찬가지의 감흥이 이는 때가 있다. 너무 아름다워서 숨이 막힐 것 같은, 그런 감동적인 순간을 많이 겪어본 사람이야말로 진정 행복한 인생을 산 사람일 것이다. 인생이란 단지 숨 쉬어온 날들의 합이 아니라, 숨이 멎을 것 같았던 바로 그 순간들의 합인 것이다.

정말 숨이 멎을 것 같았던 감동의 순간을 경험해 본 적이 있는가? '아, 아름답구나!' 정도가 아니라 '아, 정말 행복하다, 이대로 죽어도 여한이 없

다' 싶을 정도의 절절한 감동 말이다. 단순히 살아 있어서, 숨 쉬고 있어서, 눈을 뜨고 있어서 이어져 가는 삶은 맛도 없고 멋도 없다. 쉽게 감동하고 뜨겁게 감동하는 삶을 살자. 감동은 아무리 넘쳐도 지나치지 않다. 꾸미고 가꾼 인공의 아름다움은 다만 눈을 즐겁게 할 뿐이지만, 자연은 있는 그대로의 모습으로 강렬하게 오감을 자극한다. 자연이 감동이다.

경치가 정말 끝내준다. 전날 한인 교포 분들을 만났을 때 투올룸 메도우의 풍경이 최고라고 치켜세우자, 그건 사우전드 아일랜드의 풍경에 비하면 아무것도 아니라고 하시기에 얼마나 아름다운 곳일까 내심 기대를 하긴 했지만, 이 정도로 환상적일 줄은 몰랐다. 정말 기대 이상의 아름다운 풍경이다. 이 주변으로는 여러 개의 호수들이 밀집해 있어서 호수들을 연결해서 둘러보는 투어만을 목표로 여행을 하는 사람들도 있다고 한다. 호수 입구에서 실제로 '호수 투어' 중인 젊은 연인들을 만나기도 했다.

▲ 주변의 호수들을 잇는 길을 따라 '호수 투어'중인 여행자들

존 뮤어 걷기 여행

▲ 천 개의 섬을 품은 비경을 보여주던 '사우전드 아일랜드 호수'

▲ 바다인 듯, 호수인 듯, 설산을 배경으로 펼쳐진 멋진 조망을 즐기며 망중한

저녁 6시. 다행히 예상했던 것보다 이른 시각에 호수에 도착했다. 호수 입구 주변은 야영 금지 구역이다. 호수 남쪽 호안을 따라 호수 안쪽으로 걸어 들어간다. 조금만 진행하면 길가에 군데군데 야영지를 찾을 수 있다. 길을 따라 1km 정도 걸어 들어가자 마치 바다의 해변처럼 모래사장이 있는 호숫가가 나타난다. 그 주변 언덕 위로는 몇몇 팀들이 벌써 좋은 자리를 선점하고 텐트를 쳐놓았다.

　우리도 호수가 내려다보이는 언덕 위에 맞춤한 장소를 발견하고 짐을
풀었다. 피로가 누적된 신 단장님과 박 원장님은 텐트 안에서 잠시 휴식
을 취하고, 주택 씨는 또 송어 집으러 나가고, 나는 옷을 홀랑 벗고 속옷
만 입은 채 호수로 향했다.

　설산이 바라보이는 맑은 호수에서 홀로 즐기는 수영이란, 정말이지 최
고의 즐거움이었다. 나는 한 마리 물개가 되어 마음껏 호수를 누볐다.
자유형과 배영에 이은 버터플라이. '아! 나는 자유인이다.' 가릴 것도 없고 거칠 것도 없었다. 너무 좋아서 웃음이 났고, 너무 행복해서 눈물이 났다.

물이 조금 차기는 했지만 그렇다고 이가 시릴 정도는 아니었다. 물이 좀 차면 어떤가! 춥다고 웅크리고 덥다고 망설이는 것은 여행자의 태도가 아니다. 여행을 가서 몸을 사리는 것이야말로 바보 같은 일이다.

조금 무모해 보이고 황당해 보이더라도 한번 도전해보는 거다. 좌충우돌 부딪치며 겪게 되는 해프닝과 에피소드가 여행을 기억할 만한 가치 있는 것으로 만들어준다.

여행자에게 해서는 안 될 일이란 없다. 해가 쨍쨍 뜬 날 장화를 신고 다니든, 억수같이 내리는 비를 온몸으로 맞으며 맨발로 거리를 거닐든 그것은 여행자 맘이다. 하등 어깨를 움츠릴 필요가 없다. 그것이 낯선 곳을 여행하는 여행자의 특권이다. 아! 이 호숫가에 오두막 하나 지어놓고 딱 일 년만 여기서 살았으면…….

책은 사람을 꿈꾸게 한다

　잠깐 눈을 붙이셨던 신 단장님과 박 원장님이 호수로 내려오신다. 간만에 시원하게 목욕도 하고 겸사겸사 물속에서 옷을 입은 채 빨래도 하는 신공을 발휘하신다. 물론 세제를 쓰는 것은 아니고 마구 비벼서 묵은 때를 씻어내는 정도이다. 나는 모래사장으로 나와 물기를 닦고 풀밭에 등을 기댄 채 아름다운 호수의 풍경을 감상했다. 하얀 만년설을 이고 있는 호수 건너편 배너 피크(Banner Peak, 3,943m)의 웅장함이 주변 풍광을 압도한다.

▲ 서서히 어둠이 내려앉으며 시시각각 빛깔을 바꿔가는 배너 피크의 하늘

하늘은 서서히 붉은 노을빛으로 물들고 있다. 정말 그림 같은 풍경이다. 이 순간을 신영철 씨의 책 『걷는 자의 꿈, 존 뮤어 트레일』을 읽으며 얼마나 염원했던가? 책은 사람을 꿈꾸게 한다. 내가 지금 이 글을 쓰고 있는 이유도 누군가에게 작은 희망과 용기를 북돋워주기 위함이다. 어서 길을 나서도록 부추기기 위함이다. 책을 읽었으면 책의 현장에 직접 가 보아야 한다. 내가 겪어 보았다는 것, 거기에 가 보았다는 것, 그것이 진정한 삶의 역사이다. 삶은 간접경험과 직접경험이 씨줄과 날줄로 엮인 베와 같다. 씨줄만 있고 날줄이 없다면 그 베는 금방 올이 풀어져 버릴 것이다. 우리 모두 길을 나서자!

평화롭게 휴식을 취하고 있는데 언덕 위에서 수건을 목에 걸친 남자한 명이 내려온다. 낯이 익다. 길 위에서 여러 번 스쳐 지나며 눈웃음만 나누었던 존 뮤어 여행자다. 여기서 또 만나네. 인연이다. 비로소 통성명을 하고 이런저런 이야기를 나누었다. 이름은 '커트', 미국 MIT 공대의 스텝이라고 자신을 소개한다. 교수냐니까, 교수는 아니라고. 존 뮤어 트레일을 혼자서 종주 중이라고 한다. 방학 때마다 이렇게 일 년에 한 차례씩 긴 여행을 즐긴다고. 참 좋은 직업이다.

박 원장님이 어쩨 안색이 안 좋다. 찬 호수에서의 수영이 무리였을까? 체온이 떨어지면서 몸살 기운이 도는 모양이다. 호숫가에서 급히 철수하여 해열제와 진통제를 챙겨드리고 침낭 속에 들어가 한숨 자도록 했다. 열이 나는지 몸을 사시나무 떨듯 떨고 있다. '큰일인데 이거, 내일 어쩌지?' 급히 물을 끓여서 옥수수차를 담은 뜨거운 물통을 발밑에 넣어드렸다. 한숨 자고 나면 나아지리라.

존 뮤어 걷기 여행

청정 무지개 송어 매운탕

날이 어두워지면서 조금씩 쌀쌀해지기 시작한다. '주택 씨는 잘하고 있을까?' 걱정이 돼서 우모복과 모자를 챙겨서 호숫가로 다시 나가본다. "좀 잡았어?" "영 소식이 없네. 포인트를 옮겨야 할까 봐." "철수합시다." "저쪽에서 조금만 더 해 보고 갈게요." 정말 포기할 줄 모르는 대단한 집념이다.

우모복을 전해주고 야영지로 돌아와 우선 밥부터 짓기 시작했다. 밥이 다 되어갈 쯤, 어디선가 들려오는 의기양양한 목소리. "매운탕 끓일 준비혀!" 송어 낚시의 화신 이주택 씨가 드디어 송어를 잡은 모양이다. 정말 의지의 한국인이다. 입질이 없어 철수하고 마지막으로 옮긴 자리에서 대박이 터졌다고 한다. 이제 정말 마지막이라는 절박한 심정으로 낚싯대를 던졌는데, 글쎄 십 여분 만에 세 마리를 연속해서 낚았다는 것이다. 그것도 씨알이 아주 굵은 놈으로. 이제 어떻게 하면 되는지 송어 낚시에 대해서는 완전히 감을 잡았다며 아주 득의만만이다. 얼마나 신이 났을까?

송어가 아주 튼실하다. 간단히 손질하여 특제 매운탕 양념에 쌈장 조금 풀어 넣고 팔팔 끓인다. 칼칼한 매운탕 냄새가 천지에 진동한다.(아마도 이 매운탕 냄새 때문에 밤에 곰의 습격을 받게 된 건 아닌가 싶기도 하다.) 간을 봐 가며 소금도 조금 넣어주고……. 이제 완성이다. 국물이 정말 진국이다. 신 단장님 왈, "민물 매운탕은 말이야. 계속 끓이면서 먹어야 제맛이야.

▲ 낚시에 여념이 없는 송어 낚시의 화신, 의지의 한국인

존 뮤어 걷기 여행

야, 이거 몸보신이 따로 없네. 이런 맑은 물에 사는 송어로 끓인 매운탕을 어디 가서 맛보겠어. 끝내준다. 크!"

아껴두었던 술을 꺼내 매운탕 안주에 한 모금씩 목을 축여준다. 이런 호사가 따로 없다. 박 원장님은 텐트 안에서 계속 끙끙 앓고 계신다. 이거 송어 맛을 보셔야 할 텐데……. 저녁을 못 먹겠다고 깨우지 말라고 부탁하셨으니 깨울 수도 없고. 이거 미안해서 어쩌나. 그나저나 송어 매운탕 참말로 맛있네!

송어를 뼈째 발라 먹고 국물 한 방울 남김없이 털어먹었을 즈음, 박 원장님이 텐트 밖으로 나오신다. 약 먹고 한숨 잤더니 열도 내리고 몸이 많이 좋아지셨다고 한다. 근데 이거 송어를 우리가 다 먹어치웠으니 어떡하나. 말로는 괜찮다며 손사래를 치시는데 표정이 어째 영 거시기 하다. 얼른 누룽지를 끓여드렸다. "누룽지가 참 맛있네요." "그렇죠, 헤헤." 미안한 마음에 누룽지 국물을 함께 마시며 "조~타!" 추임새도 넣어드린다. 허나 누룽지가 아무리 맛난들 어디 '청정 무지개 송어 매운탕' 맛에 비할 수 있으랴. 쩝.

그날 밤은 주택 씨의 송어 잡이를 화제로 걸쭉한 농담을 주고받으며 아주 환한 웃음꽃을 피울 수 있었다. 대충 정리하고(이 대충 정리가 결국 문제가 되고 만다. 마지막 밤이라고 너무 방심한 탓이다.) 존 뮤어 길 위에서의 마지막 잠을 청한다.

산을 즐기는 9가지 방법

가을은 아웃도어의 계절입니다. 여름이고 겨울이고 산에 가기 좋지 않은 계절이 있겠습니까마는 산에 가기에 가을만 한 계절도 없습니다. 아무래도 혹한이나 땡볕 아래 산길을 걷는 것은 고역이니까요. 무더운 여름이 지나고 아름다운 단풍과 맑고 신선한 공기로 가득한 가을이 오면 산꾼들의 가슴은 설렘과 기대로 충만해지기 마련입니다. 지쳐 있던 육신에 활기가 돌고 힘차게 대지를 박차고 싶은 욕망에 근육들이 꿈틀댑니다. 산에 잘 안 다니던 분들도 가을만은 산에 가고 싶은 생각이 들게 마련이지요.

그러나 가끔은 산에 왜 가느냐고 냉소적인 태도로 묻는 사람들이 있습니다. 산에 오르는 즐거움을 이미 알고 있는 사람들에게는 참 답답한 질문입니다. 그 즐거움을 알게 하기 위해 억지로라도 끌고 산에 가 보려 하면 돌아오는 대답은 "다시 내려올 걸 뭐 하러 올라가?"입니다. 이런 분들에게 산을 즐기는 방법에 대해 알려드리고자 합니다.

* 사람을 만나다: 등산의 매력은 만남에 있습니다. 산에 가면 사람을 만나는 즐거움이 있습니다. 현대인은 고독합니다. 외롭습니다. 외로움을 달래려면 만나야 합니다. 산에 혼자 가면 나를 만날 수 있어서 좋습니다. 평소에는 나를 대면할 기회가 별로 없습니다. 그러나 홀로 산에 오르면서는 이런저런 문제와 주제를 놓고 나와 대화를 하게 됩니다. 사유를 하게 된다는 말입니다.

친구와 함께 가는 산행은 정겹습니다. 저는 주로 단짝 친구와 둘이 산에 다닙니다. 일주일 내내 환자에 치이고 보호자에 휘둘리고 가족에 천대받다가, 20년 지기인

존 뮤어 걷기 여행

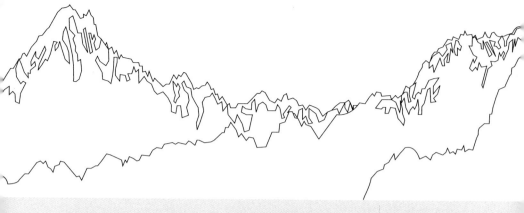

친구를 만나 산에 오르면 모든 서러움과 억울함은 온데간데없이 사라집니다. 그간의 일들을 이야기하며, 나의 억울함과 정당함을 토로하며, 서로의 고충을 들어주며, 우리는 그렇게 배설함으로써 내 안에 축적된 스트레스를 날려버립니다.

가끔은 산악회를 따라 나서기도 합니다. 산을 좋아하는 사람치고 악한 사람 없습니다. 산사나이들에게는 산꾼만이 갖는 독특한 인간미가 있습니다. 토종 된장 같은 진득함이 있습니다. 그런 분들과 어울리게 되면 잊고 살던 삶의 많은 덕목들을 새삼 배우게 됩니다. 영혼의 에너지를 충전받게 됩니다. 좋은 사람들과 함께하는 산모임을 정기적으로 가져보십시오. 삶의 활력이 될 것입니다.

자연을 만나다: 자연은 생명입니다. 나고 자라고 시들고 죽습니다. 그 안에 생로병사와 희로애락의 진리가 담겨 있습니다. 시간은 흐르고 계절은 변화합니다. 진달래, 철쭉 흐드러진 봄의 산, 초록의 바다 여름 산, 울긋불긋 단풍 지는 가을 산, 하얀 눈의 세상 겨울 산. 산은 그 즈음에 맞는 모습으로 계속 단장을 합니다. 그리고 다시 봄을 맞습니다. 가장 단순한 진리임에도 우리는 감탄을 금하지 못합니다. 순수하기 때문입니다. 우직하게 섭리를 따르는 산의 모습에서 우리는 우주 변화의 진리를 터득하게 됩니다.

산에는 흙이 있고 바위가 있고 바람과 구름이 있습니다. 나뭇잎이 찰랑거리고 다람쥐가 뛰어 다닙니다. 계곡물이 흘러내리고 운무가 피어오릅니다. 파란 하늘과 흰 구름, 초록 나무와 예쁜 꽃들. 풀벌레들의 합창, 새들의 지저귐. 시원한 바람. 도시에서는 맛볼 수 없는 자연의 축복입니다. 우리는 자연을 만나야 합니다.

별미의 세계: 산에 가면 뭐든지 맛이 있습니다. 시장이 반찬이라는 말이 있듯이, 맑은 공기 속에서 땀을 흘리고 나면 입에 들어가는 것은 무엇이든지 산해진미가 됩니다. 잠깐 휴식을 취하며 한 입 베어 무는 오이의 아삭함, 양갱의 달콤함, 박하사탕의 시원함은 맛의 애교입니다.

본론은 도시락에 있습니다. 조망이 탁 트인 너럭바위 위에 자리를 잡고 앉아 각자 싸온 도시락을 풀기 시작합니다. 정성스레 준비한 음식들이 한 가지 한 가지 선을 보입니다. 찰밥에 묵은지에 보쌈이 등장합니다. 부침개와 열무김치를 내놓는 분도 있습니다. 순대와 튀김을 싸온 분도 있습니다. 홍어회무침이 등장하기도 합니다. 이쯤 되면 육해공군이 총출동한 셈입니다.

산 정상에서 상추쌈 한 볼때기 우겨넣고 냠냠 쩝쩝. 아, 입안 가득 혀의 미각세포들을 자극하는 오묘하고 충만한 맛의 소용돌이. 둘이 먹다가 하나가 죽어도 모를 맛. 기회가 된다면 산장이나 휴양림 통나무집에서 하루쯤 야영을 즐겨보는 것도 행복한 체험입니다.

지리산 종주에 나섭니다. 머리 높이 올라오는 무거운 배낭을 메고 12시간을 넘게 걸은 끝에 마침내 세석산장에 도착합니다. 지쳤습니다. 포도당은 고갈되고, 근육은 단백질을 갈망합니다. 서둘러 밥을 짓고, 찌개를 끓이고 삼겹살을 굽습니다. 힘들게 걷고 난 뒤에 산에서 구워먹는 삼겹살의 맛이란. 아, 더 무슨 말이 필요하겠습니까? 그대로 죽음입니다.

신선이 되다: 신들도 넥타르를 마셨고, 고대인들은 디오니소스를 숭배하며 축제를 즐겼습니다. 술의 역사는 인간의 역사이기도 합니다. 산행에서 술이 빠진다면, 그것은 앙꼬 없는 찐빵, 바람 빠진 축구공입니다. 밥은 육신을 위해서 먹지만, 술은 영혼을 위해서 마십니다. 왜 산에 가면 술이 더 맛있고 숙취도 없는 건지 그건 잘 모르겠습니다.

어쨌든 산에서 마시는 술은 참 달달합니다. 땀을 줄줄 흘리고 난 뒤 마시는 얼음

존 뮤어 걷기 여행

막걸리 한 잔은 타는 갈증을 해갈하는 청량수입니다. 정상에서 마시는 소주 한 잔은 천상주이지요. 하산해서 마시는 생맥주 한 잔, 파전에 동동주 한 잔은요? 그 맛의 달고 시원함을 말로 설명할 길이 없습니다. 마셔본 사람만이 그 맛을 알겠지요. 물론 인사불성이 될 정도로 술을 많이 마셔서는 안 되겠지만, 흥을 돋워 주는 정도의 적당한 술은 산행에 있어 필수라는 것이 저의 생각입니다. 저도 평소에 술을 잘 못하지만 산에 가서는 제법 술을 마시는 편입니다. 술이 우럭우럭해지면 산을 내려오는 발걸음이 그렇게 가벼울 수가 없습니다. 콧노래도 절로 나오고 웃음도 터져 나오고 마냥 즐겁지요. 마치 신선이 된 듯, '인생 뭐 있어?' 싶어지고 구름 위를 걷듯 흥에 겨워 산길을 걷게 됩니다. 그 맛에 산에 더 가게 되지 않나 싶습니다. 물론 절대 과음은 금물입니다.

산과 선을 보다: 산 입구에 서서 등산로 안내도를 바라보는 순간엔 가벼운 떨림이 입니다. 처음 가 보는 산이라면 설렘에 가슴이 두근거리기까지 하지요. 마치 맞선 자리에 나온 총각처럼. 이 산은 어떻게 생겼을까? 조망은 어떨까? 산이 험하지는 않을까? 약간의 긴장감과 기대감이 온몸에 퍼집니다.

하나의 산에도 여러 개의 산행 코스가 있습니다. 코스에 대한 기획을 잘해야 합니다. '오늘은 이 길로 가보자', '다음엔 요렇게 올라가서 조렇게 내려오자.' 산행 후에는 평가를 내립니다. 이 코스는 난이도 上이다. 中이다. 中下. 그런 작업들이 산행의 재미를 더해줍니다. 요번 산행의 테마는 계곡이다. 암자 순례다. 바다 조망이다. 이런 주제를 가지고 산을 찾으면 더욱 보람 있는 산행이 됩니다.

매주 같은 산에 올라도 산은 갈 때마다 다른 모습으로 우리에게 즐거움을 선사해 줍니다. 관악산, 북한산도 좋지만 가끔은 시간을 내어 조금 멀리 큰 산들을 찾아가 보십시오. 색다른 즐거움을 얻을 수 있습니다.

꽃과 나무를 만나다: 산에 다니다 보면 평소 볼 수 없었던 예쁜 꽃들을 만나게 됩니다. 어수리, 벌개미취, 노루오줌, 원추리, 모싯대, 산수국, 쑥부쟁이, 동자꽃 등등. 이름도 특이한 야생화들입니다. 야생화에 미쳐 산에 다니는 분들도 많습니다. 야생화만이 갖는 묘한 매력이 있습니다. 미끈하고 생동감이 넘칩니다. 빛깔이 곱고 기품이 있습니다. 야무진 생명력이 발산됩니다. 보고 있으면 아름다운 모습에 넋을 잃게 됩니다. 야생화 발견하는 재미에 산에 오르게 됩니다.

나무들 감상하는 재미도 큽니다. 각양각색의 나무들이 나에게 말을 걸어옵니다. 쭉쭉 솟은 잣나무 숲길을 걸으면 장쾌한 기운에 휩싸입니다. 바위를 뚫고 뿌리박은 소나무는 생명의 경이로움을 느끼게 합니다. 태백산 꼭대기의 주목들은 기이한 아름다움이 있습니다. 지리산 구상나무는 한 폭의 산수화를 연출합니다. 나무들을 보고 있으면 눈이 청아해지고, 마음이 고고해집니다. 제가 산에 자주 가는 이유입니다.

세상을 굽어보다: 산행의 즐거움은 조망에 있습니다. 산 정상에 올라서서 멋진 조망을 내다보는 행위야말로 등산의 제1 목적입니다. 인생무상을 절감하는 순간입니다. 가슴이 활짝 펴지는 호연지기를 맛보게 됩니다. 그 순간만은 세상이 나의 것입니다. 묵묵히 산을 오르다 무심코 뒤를 돌아보았을 때 눈앞에 펼쳐진 경관을 보면 짧은 탄성을 내지르게 됩니다. 내가 어느 새 이렇게 높이 올라왔나 싶어지지요. 조금 더 올라 능선을 올라타면 이제 발아래 멋진 조망이 펼쳐집니다. 무슨 유격대원처럼 오로지 산을 타는 데만 몰두하는 산꾼들도 있지만, 멋진 뷰포인트에서는 잠시 발길을 멈추고 조망을 즐길 줄 알아야 합니다. 기억에 남을 만한 사진도 한 컷 찍고, 가쁜 숨도 돌리고, 그렇게 여유 있는 산행의 자세가 필요합니다.

해가 뉘엿뉘엿 넘어가고 어둠이 갈마들 무렵 산에서 내려다보는 도시의 야경은 참으로 아름답습니다. 제가 제일 좋아하는 하루의 시간대입니다. 가로등이 하나씩 켜지고 건물들에 불빛이 하나씩 들어오면서 도시의 밤은 시작됩니다. 그 순간 나는 홀로 앉아 세상을 굽어보며 삶을 관조하는 마음의 여유를 얻습니다.

존 뮤어 걷기 여행

몸과 마음을 다스리다: 등산은 몸을 건강하게 만들어줄 뿐만 아니라 마음의 건강을 선사합니다. 산은 나를 어루만지고 내 등을 다독거리고 마음의 병을 치유해 줍니다. 산에는 정신의 먹이들이 많습니다. 영혼의 허기를 채워주는 식재료들이 널려 있습니다. 우리는 그것을 주워 담기만 하면 됩니다. 맑은 공기와 피톤치드는 뇌의 공기청정기입니다. 절로 기분이 상쾌해집니다. 초록 빛깔은 천연 안약입니다. 눈의 피로를 풀어줍니다.

산길에 들어서면 마음이 편안해지고 우울한 마음은 사라집니다. 처음에 산에 오르기 전 복잡했던 마음이 높이 오르면 오를수록 오로지 정상을 향한 화두 하나로 모아집니다. 그리고 마침내 정상에 섰을 때 무념무상의 경지에 이릅니다. 몰두와 몰입은 道에 이르는 지름길입니다. 산에 오르는 행위가 그것을 가능하게 합니다. 산에 다녀오면 마음이 뿌듯하고 개운한 이유입니다.

바위에서 퍼져 나오는 자기(磁氣)도 무시할 수 없습니다. 기도발이 잘 먹히는 영험한 곳은 대개 큰 바윗덩어리가 자리하고 있는 곳입니다. 흔히 '바윗발'이라고 말합니다. 『방외지사』의 저자 조용헌 님은 바위가 많은 산에 다녀오면 몸이 가뿐해진다고 합니다. '마운틴 오르가즘'이라는 표현도 씁니다. 머리가 복잡하고 마음이 심란하신 분들은 만사 제치고 잠시 속세를 떠나 산으로 가보시기를 권합니다.

걷는 행위의 신성함: 걷는 것은 고통입니다. 그러나 즐거운 고통입니다. 고통스러움 속에 즐거움이 있습니다. 오랜 시간 경사진 산길을 무거운 배낭을 메고 오르는 일은 무척 힘든 일입니다. 다리가 퍽퍽해지고 숨이 차오릅니다. 무릎에 통증이 생기고 발바닥이 부르틉니다. 물집이 잡히고 발톱이 빠지기도 합니다.

긴 계단을 만나면 한 걸음 한 걸음이 천근만근이 됩니다. 그러나 우리 삶이 그렇듯, 한발 한발 올라가는 수밖에 없습니다. 가다보면 어느 새 고통의 시간은 지나가고 마침내 정상에 서게 됩니다. 고통이 큰 만큼 희열도 커집니다. 감내한 아픔만큼 성취감도 커집니다.

걷는 행위는 신성합니다. 걷기야말로 가장 원시적이며 본질적인 신앙고백입니다. 우주로 나아가는 길이며, 신에게 이르는 길입니다. 고행이자 수행입니다. 꼭 산이 아니더라도 많이 걸으십시오. 산이라면 더 좋을 것입니다.

이상 산을 즐기는 아홉 가지 방법을 말씀드렸습니다. 계절은 자연으로 스며듭니다. 산에 오르며 계절의 변화를 느껴봅시다. 윤회하는 자연의 섭리를 통해 우리의 삶의 방향을 수정해 나갑시다. 대한민국은 축복받은 나라입니다. 삶의 터전 가까이에 천 미터 내외의 오를 수 있는 산이 많다는 것은 행운입니다. 누구는 그 행운을 마음껏 즐기고, 누구는 외면합니다. 누구는 삶의 콘텐츠를 자연으로 풍성하게 채우는데, 누구는 콘크리트 상자 속을 뒹굴며 심심하다고 소리 지릅니다. 이번 가을, 좋은 벗들과 산에 한번 올라보시는 건 어떨까요? 산이 우리를 부릅니다.

존 뮤어 걷기 여행

2013년 7월 25일

새벽 4시 30분 기상 ┃ 아침 기온 10도 ┃ 낮 기온 26도

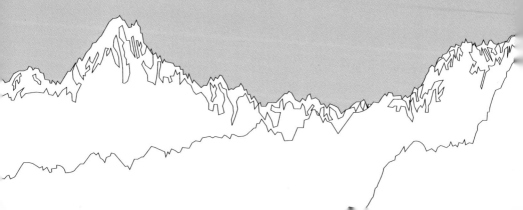

존 뮤어 길 위에서 보내는 마지막 날이다. 이날은 아침을 해 먹지 않고 일어나는 대로 짐을 정리하여 새벽 산행을 하기로 계획되어 있다. 간밤에 무척 피곤했었음에도 시간이 되자 눈이 번쩍 떠진다.

사람들을 깨우고 일어나 텐트 밖으로 나와 보니 주변이 난리가 아니다. 곰통이 여기 저기 나뒹굴고, 배낭들이 아무렇게나 쓰러져 있다. 곰통 하나는 숫제 종적을 감추었다. '어! 곰통 하나가 안 보이네.' 곰통 뚜껑을 제대로 닫지 않은 것이 화근이었다. 그동안 별일 없었던 탓에 방심한 것이다. 이 난리를 치도록 세상모르게 곯아떨어졌었단 말인가.

주택 씨 말로는 그렇지 않아도 새벽 두 시경에 오줌을 누러 일어났다가 언덕 위에서 어슬렁거리는 곰을 보았다는 것이다. "그래요. 그럼 그쪽으로 한번 가 봅시다. 이거 못 찾으면 큰일인데……."

그 언덕 방향으로 올라가서 주변을 수색한 끝에 우리는 문제의 없어진 곰통을 찾아낼 수 있었다. 물론 그 안에 들어있던 미숫가루 1kg과 라면 세 개와 육포 한 봉지는 고스란히 곰에게 털린 후였다. 나쁜 곰. 정말 가루 하나, 부스러기 하나 남기지 않고 깨끗하게 먹어치웠다.

언덕에서 내려와 보니 쓰레기를 모아두었던 비닐봉지도 처참하게 파헤쳐졌다. 자세히 보니 다른 건 안 건드리고 송어 뼈만 깨끗이 사라졌다. 이놈은 생선뼈도 즐겨 먹는 모양이다. 아마도 이 녀석은 어젯밤에 송어 매운탕을 끓일 때부터 냄새를 맡고 이곳을 습격할 작전을 짜고 있었을 것이 분명하다. 놀란 우리는 '이 나쁜 곰을 잡아서 능지처참한 후 곰탕을 끓여먹으면 어떨까?' 하는 농담으로 화풀이를 대신했다. 어쨌든 사람이 다치지 않은 것이 얼마나 다행인가. 휴!

곰 소동으로 출발 시간이 40분이나 늦어졌다. 일정표 상으로는 4시 30분 기상, 5시 출발 계획이었으나 5시 40분이 되어서야 겨우 출발할 수 있었다. 원래 야영하려고 했었던 가네트 호수(Garnet Lake)까지는 한 시간을 더 가야 하므로 전체적으로는 처음 계획보다 한 시간 사십 분이 딜레이된 셈이다.

우리가 여행의 종착지로 삼고 있는 레즈 메도우 리조트(Reds Meadow Resort)에서 맘모스 레이크(Mammoth Lakes) 시로 출발하는 버스의 막차가 6시 30분에 있으므로(나중에 확인해 보니 7시까지는 다닌다고 한다.) 이 버스를 놓치지 않기 위해서는 조금 서둘러야 한다. 만약 이 버스를 놓치게 된다면 우리의 모든 일정은 완전히 어그러지고 말 것이다.

동이 터온다. 붉은 여명을 머금은 호수에 아련한 슬픔과 희망의 기운
이 혼재해 있다. 우리는 아무런 말도 없이 길을 걷는다. 길은 아직 고요
와 정적에 눌려 있다. 새벽 산행의 정취가 이런 것이리라. 가네트 호수까
지 가는 길 중간중간에 규모가 작은 호수들(에메랄드 레이크와 루비 레이크)
을 연속해서 만나게 된다. 언덕 하나 넘으면 호수가 있고, 다시 언덕을 넘
어서면 호수가 나타나는 식이다. 가네트 호수에 거의 다다라서는 가파른
비탈길이 있어 제법 용을 쓰며 이 능선을 타고 넘어야 호수에 도달할 수
있다.

존 뮤어 걷기 여행

가네트 호수는 사우전드 아일랜드 호수와 마찬가지로 배너 피크 (Banner Peak, 3,943m)를 병풍처럼 두르고 있어 아주 유사한 풍광을 자아낸다. 그래서인지 이곳에서 하룻밤 야영할 것을 추천하는 사람들도 많이 있다.

출발이 늦었던 우리는 한가로이 풍경이나 감상하고 있을 마음의 여유가 없었다. 그대로 호수 입구를 지나 바쁜 걸음으로 다리 하나를 건넌 후 왼쪽 길로 접어들었다. 그런데 여기서도 다리 하나 건너 왼쪽 길이 말썽을 부리고 만다. 왠지 존 뮤어 길답지 않게 길이 좀 험하다 싶었다. 바위 지대를 곡예하듯이 넘어 산길 위로 내려서기는 했지만 영 마음이 개운치가 않았다. 귀찮지만 배낭을 내려놓고 지도를 꺼내든다. 아니다. 이 길이 아니다. 길을 또 잘못 들어선 것이다. 그렇지 않아도 갈 길이 바쁜데…….

왔던 길을 다시 거슬러 오른다. 길은 다리를 건넌 후 그대로 호수의 좌안을 타고 직진했어야 했던 것이다.(사실 다리를 건넌 후 바위 위에 올라서면 이 직진 길이 잘 보이지 않고 왼쪽 길이 눈에 먼저 들어온다.) 삼십 분의 시간과 에너지를 또 낭비하고 말았다.

호수를 따라 길을 걷는다. 이른 시간이라서인지 인적이 없다. 풍경은 평화롭지만 마음은 그리 평안하지 못하다. 목적지에 무사히 잘 도착할 수 있을까? 무심코 길을 걷는데 저만치 앞에 커다란 배낭을 등에 진 모습이 마치 곰처럼 보이는 트레커 한 명이 길을 가고 있다. 어디까지 가는 길이냐고 물어보니, 그도 우리처럼 레즈 메도우까지 가는 중이라고 한다. 반가운 마음에 얼마나 걸리겠느냐고 물어보니 자기가 이 길을 다녀봐서 아는데 자기 생각엔 저녁 7시는 되어야 도착할 수 있을 것 같단다. 이런, 간당간당하다. 마음이 더욱 초조해진다.

가네트 호수 아래쪽으로 존 뮤어 길이 이어진다. 호수 입구의 다리를 건넌 후에는 호수를 따라 그대로 직진을 해야 한다.

▲ 자원봉사자와 인부들을 대동하고 산길을 보수 중이던 레인저 일행을 만나다.

이제 수칙이고 뭐고 없다. 지그재그로 내려오는 내리막길을 축지법을 사용하듯 그대로 가로질러 내달린다. 마음에 찔림은 있었지만 만약에 제시간에 도착을 못 해서 버스를 놓치게 될 일을 생각하니 끔찍하기만 했다.

그렇게 시간을 단축하기 위해 애를 쓰며 하산하던 중에 길 위에서 여러 명의 인부와 자원봉사자를 대동한 레인저를 만났다. 뜨끔. 만약 축지법 장면을 현장에서 제대로 목격당했다면 벌금도 벌금이지만 얼마나 망신이었겠는가. 휴!

"안녕하세요?" "네, 별일 없으시죠?" "네." "혹시 곰을 만나지는 않았나요?" 이런저런 이야기를 나누던 중에 레인저가 느닷없이 곰 이야기를 꺼

존 뮤어 걷기 여행

낸다. 미국 국립공원에서는 본인의 부주의로 곰에게 피해를 입으면 물품 관리를 소홀히 한 벌금을 물도록 되어 있다.

순진한 박 원장님이 어젯밤에 곰에게 습격당한 이야기를 꺼내신다. "거기가 어디였죠?" "사우전드 아일랜드 레이크요." "어떤 피해를 입으셨나요?" 어휴, 그대로 다 이야기하시면 안 되는데……. 속이 타 들어간다. "곰통을 털릴 뻔했는데요. 우리가 곰통을 잘 잠가두어 가지고 피해를 입지는 않았어요." 휴! 어쩜 저렇게 능청스러울까?

또 한 번의 가파른 능선을 고개 넘듯 힘겹게 타고 넘은 끝에 쉐도우 크릭(Shadow Creek)에 도착했다. 쉐도우 크릭은 작은 개울이 아니라 설악산처럼 큰 계곡을 형성하며 제법 웅장한 물줄기를 이루고 있었다. 계곡의 끝은 쉐도우 레이크(Shadow Lake)로 이어진다. 원래는 풍광 좋은 쉐도우 레이크까지 가서 늦은 아침을 해 먹으려고 하였으나, 힘도 떨어지고 갈증도 나서 대충 개울가에 자리를 잡고 앉아 아침을 해결하기로 한다. 모기가 극성이었지만 그런 걸 따지고 있을 계제가 아니었다.

곰이 '건조시금치된장국' 팩을 건드리지 않고 그대로 남겨둔 건 정말 천행이었다. 곰도 된장은 별로 내키지 않았던 모양이다. 어제 미리 지어서 비닐 팩에 넣어두었던 찬밥도 극적으로 살아남았다. 얼른 물을 끓여 된장국에 찬밥을 말아 먹었다. 아! 꿀맛이다. 구수한 된장 맛에 속이 확 풀리면서 몸과 마음이 훈훈해지고 기운이 샘솟는다. 역시 한국 사람에겐 된장이 보약이다.

아침은 맛있게 잘 먹었지만 점심이 문제다. 마지막 날 점심에 먹을 요량으로 가져 온 미숫가루를 곰에게 통째로 털렸기 때문이다. 이제 죽으나 사나 식당과 매점이 있는 레즈 메도우 리조트까지 가는 수밖에 없다. 모든 것이 다 운명이다.

쉐도우 레이크는 말 그대로 초록빛 산 그림자가 고스란히 물에 담긴 아름다운 호수였다. 예쁜 호수를 보고 있노라니 자꾸만 아쉬운 마음이 든다. 그냥 조금 참았다가 이곳까지 와서 이 멋진 경치 보면서 아침을 먹었으면 좋았을걸. 하지만 이미 지난 일이다. 지나간 일에 대해서는 미련을 길게 품지 않는 것이 나의 생활 철학이다.

쉐도우 레이크(Shadow Lake)를 지나 로잘리 레이크(Rosalie Lake)까지는 또다시 가파른 오르막이다. 능선과 능선 사이에 계곡처럼 호수가 들어서 있으니 호수 하나를 만나려면 가파른 능선을 타고 넘는 수밖에 없다. 호수 넘어 호수의 연속이다. 이제 호수가 아주 지겨울 정도다. 호수가 지겹다기보다는 호수를 만나기 위해 넘어서야 하는 능선 고개가 힘겨운 탓에 나오는 푸념이다. 다행히 글레이디스 레이크(Gladys Lake) 이후에는 평탄한 길이 이어지고, 이후 존스톤 레이크(Johnston Lake)까지는 계속되는 내리막 길이었다.

▼ 바위와 나무의 그림자가 거울처럼 그대로 투영되는 맑은 호수, 쉐도우 레이크(Shadow Lake)

△ 산불과 마주치다

　내리막 사면을 종종걸음으로 내려서는데 어디선가 매캐한 냄새가 나기 시작한다. 이런, 산불이 난 모양이다. 하필이면 우리가 진행하는 방향 쪽에서 하얀 연기가 우리 쪽을 향해 스멀스멀 몰려온다. '큰일이다. 별일 아니어야 할 텐데…….' 만약 산불이 가까운 곳에서 난 것이라면 이건 뒤로 물러서지도 못하고 앞으로 나아가지도 못하는 형국이 되고 말 것이다. 뭐 이런 일이 다 있나. 입술이 바짝 타고 가슴이 울렁거린다.

　지금이야 밝은 마음으로 당시를 회고하며 웃을 수 있지만 당시에는 정말 죽음을 떠올릴 정도로 몹시 위급한 상황이었다. 게다가 우리가 가기 얼마 전에 캘리포니아의 어느 지역에서 난 산불에 고립되어 소방관 19명이 떼죽음을 당한 일까지 있었으니. '일단 존스턴 레이크까지는 무조건 빨리 가자.' '호수까지만 가면 어찌 됐든 설령 불길이 번져온다 해도 호수로 뛰어들면 살 수는 있을 것이다.'

　정말 얼마나 정신없이 산을 내려왔는지 모른다. 발바닥에 불이 나도록 뛰다시피 산길을 내달렸다. 그렇게 해서 존스톤 레이크에 도착한 시각이 오후 1시 30분. 정말 엄청나게 빨리 내려왔다. 여기서부터 목적지인 레즈 메도우까지는 6km가 채 남지 않았으니 천천히 걷더라도 세 시간이면 충분히 도착할 수 있는 거리이다. 여차하면 1km 지난 갈림길에서 데블스 포스트 파일(Devils Postpile)로 탈출할 수도 있을 것이었다.

▲ 엄청난 속도로 정신없이 달리며 산을 내려오다.

　　7시나 돼야 도착할 수 있을 것이라던 그 곰을 닮은 녀석의 말은 정말 '곰스러운' 예측이 되고 말았다. 물론 돌발 상황으로 말미암은 극도의 긴장감이 우리를 슈퍼맨처럼 달리게 한 덕분도 있고, 그의 급할 것 없는 어슬렁 걸음으로는 정말 7시나 돼야 도착하게 될지도 모를 일이니 그의 말이 아주 틀렸다고 할 수는 없을 것이다. 시간은 결코 절대적이지만은 않다.

다섯째날

우리는 여기서부터는 다시 마음의 여유와 안정을 되찾을 수 있었다. 그러고 보니 아직 점심을 먹지 못했다. 휴식을 취하고 싶었지만 존스턴 레이크 주변은 모기도 많은데다가 호수물이 탁해서 식수로 마시기에 적합하지가 않았다. 조금 더 진행해 보기로 한다.

삼십 분 정도 더 길을 따라가니 맑은 개울이 흐른다. 빙고! 미나렛 크릭 (Minaret creek)이다. 우리는 이곳에서 식수도 보충하고 가지고 있던 남은 식량들을 모두 모아 잠시 점심 요기를 했다. 비록 건포도 몇 알, 육포 두 조각. 에너지 바 하나가 전부였지만. 이제 모두 끝이다.

긴장이 풀린 탓인지 몸이 여기저기 쑤셔오고, 발바닥이 타는 듯한 격한 통증이 느껴지기 시작한다. 드디어 나도 양쪽 발바닥 모두 큼지막한 물집이 잡혔다. 한 발 한 발 내딛는 발걸음이 마치 맨발로 골고다 언덕을 오르는 듯 고통스럽다. 속도를 내지 못하고 일행에 뒤처지기 시작한다. 이렇게 걸어도 5시 이전에는 도착할 수 있을 것이라는 안도감이 속도를 더 더디게 한다. 존 뮤어 걷기 여행의 마지막을 이렇게 혼자 걸으며 명상에 잠겨보고 싶은 속내도 있었다.

마침내 데블스 포스트파일(Devils Postpile) 갈림길에 도착했다. 이곳 데블스 포스트파일에도 레인저 사무실과 여러 가지 시설을 이용할 수 있는 정규 야영장이 들어서 있다. 급한 경우에는 레즈 메도우 리조트로 가는 지름길이 있어 이곳에서 탈출을 도모할 수도 있다. 유혹을 뿌리치고 존 뮤어 길로 들어섰다. 신 단장님이 기다리고 계신다. 박 원장님과 주택 씨는 기다리다가 먼저 출발했다고 한다. 각자 지도가 있으니 목적지까지 잘 찾아갈 수 있을 것이다.

신 단장님도 양쪽 발에 모두 물집이 잡히고 체력이 바닥이 나서 막판에는 많이 힘들어하셨다. 그래도 참 대단하신 분이다. 저만치 앞서가시다가 나를 기다려주고 또 먼저 가시다가 길이 꺾이는 곳에서 나를 기다려주신다. 나이로 봐서는 내가 그분을 이끌어드려야 하는데……. 에고.

계곡을 따라 산허리로 난 길을 묵묵히 걷는다. 불에 탄 고사목들도 보이고 집채만 한 나무들이 뿌리째 뽑혀 여기저기 나뒹굴고 있다. 모두가 있는 그대로의 자연의 모습이다. 지친 다리를 질질 끌다시피 걸은 끝에 마침내 '레즈 메도우(Reds Meadow Resort)'를 가리키는 이정표를 만났을 때는 나도 모르게 눈물이 나려고 했다. 드디어 다 왔구나!

존 뮤어 걷기 여행

▲ 다른 초원들과는 대조를 이루는 독특한 붉은 빛의 초원, 레즈 메도우(Reds Meadow)

레즈 메도우 리조트는 이정표가 있는 지점에서 레인보우 폭포(Rainbow Falls)로 가는 길과는 반대 방향으로 진행해야 한다. 나무에 달린 파란 리본을 따라가면 리조트로 향하는 도로를 만날 수 있다. 도로를 만나면 오른쪽으로 올라가야 한다. 도로 건너편은 온통 붉은빛을 띤 들풀이 우거져 있다. 그래서 '붉은 초원'으로 불리는 모양이다.

생각보다 리조트가 빨리 나타나지 않아서 애를 태우다가 존 뮤어 트레일을 빠져나온 후 30분 만에 마침내 레즈 메도우 리조트에 도착할 수 있었다. 먼저 도착해 있던 주택 씨와 박 원장님이 반갑게 맞아주신다. 우리는 서로를 껴안은 채 감격의 포옹을 나누었다. 수고하셨어요. 해냈어요. 축하해요. 잘했어요. 시계를 확인해 보니 처음 계획했던 일정표에 나와 있는 바로 그 시각 오후 4시 30분이다. 1분의 오차도 없는.

우선 등산화를 벗어두고 수돗가로 달려가 먼지를 씻어냈다. 발바닥이 만신창이가 다 됐다. 세수도 하고 머리도 감고. 정말 시원하다. 그러고는 돌아와서 울타리에 기대 앉아 여유롭게 시원한 맥주 한 병을 들이켠다. 바로 이거야! 서로를 바라보며 눈웃음을 짓는다. 오고가는 눈길에 기쁨과 축하의 마음이 듬뿍 담겨 있다. '수고하셨어요.' 서로가 말없이도 마음으로 그 마음들을 읽는다.

존 뮤어 걷기 여행

길을 걸었다. 존 뮤어의 아름다운 길을 5일 동안 꼬박 걸었다. 때로는 비를 맞으며, 때로는 뜨거운 햇살을 받으며. 간혹 가파른 오름길도 있었고 드넓은 초원길도 있었다. 아침 햇살을 찬미하며 여유롭게 걷기도 했고 초조한 마음에 급하게 내달리기도 했다. 혼자 걸었지만 함께였고 함께 걸었지만 고독한 시간이었다. 재잘재잘 이야기를 나누며 걷다가도 가끔은 뒤를 따르며 혼자 깊은 생각에 잠기곤 했다.

　자연의 품 안에서, 자연 그대로의 모습을 만끽할 수 있어서 무척이나 행복했다. 그곳은 꽃과 풀이 지천이었고, 사슴이며 마모트며 곰이 울타리 없이 함께 생활하는 야생의 공간이었다. 호수와 개울이 흘러넘치는 물의 세상이었고, 거목들이 울창한 나무의 세상이었으며, 거대한 암반이 위용을 자랑하는 바위의 세상이기도 했다.

　아침 햇살을 받으며 아침 이슬 머금은 초원을 걷는 것은 정말이지 행복한 일이었다. 내일 일을 걱정하지 않고 지칠 때까지 마냥 걷는 것은 잡생각을 떨쳐버리는 명상의 행위이자 용맹정진에 다름 아니었다.

　함께 걷는 누군가가 곁에 있다는 것은 큰 축복이었다. 서로를 의지하며 서로를 위로하며 서로에게 용기를 줄 수 있어서 좋았다. 앞서가서 기

다려주고 뒤따르며 격려하는 그 마음씨들이 고왔다. 지치고 목말랐을 때 양보하고 내미는 물병이 아름다웠다. 자신을 먼저 내세우지 않고 뒤에서 궂은일을 마다하지 않는 희생들이 감동적이었다. 멋진 사람들과 멋진 여행을 함께 할 수 있어서 정말 행복하고 행복했다. 이 네 명이 함께라면 세상 그 어떤 곳이라도 두려워하지 않고 갈 수 있으리라.

걷고 보니 걷기 여행의 진수는 적어도 100km 정도는 걸어보아야 느낄 수 있겠다는 생각이 든다. 하루나 이틀 걸은 것으로는 몸의 변화를 잘 느낄 수 없다. 3일 정도 지나야 몸이 적응하기 시작하고 100km쯤 걸은 후에야 최고조에 이르는 성취의 쾌감을 맛보게 된다. 발단과 전개의 과정을 거쳐 비로소 절정에 이르는 기승전결의 시나리오가 써지는 것이다.

마지막엔 미치도록 끝마치기를 열망했다. 어서 빨리 끝내고만 싶었다. 걷는 행위는 행복이었지만 걸음을 지탱해야 하는 발바닥은 고통이었다. 마라톤에 '마라톤 벽'이라는 것이 있듯이 오래 걷기에도 벽이 있는 모양이다. 마지막 목표 지점을 앞두고는, 마치 마라토너가 35km를 넘어서면서 다리의 마비와 체력의 고갈을 경험하는 것처럼 극심한 고통과 갈등에 시달렸다. 어서 이 걷기를 끝장내고만 싶었다.

마침내 마지막 목표 지점에 도달했을 때는 해냈다는 성취감보다 무사히 끝났다는 안도감과 후련함이 더 크게 가슴속에 일렁였다. 분명 그것은 걷기를 그토록 갈망했었던 처음의 기대에 반하는 일종의 배신이었다. 그러나 그렇게 어서 끝내고만 싶었던 꼬인 마음도 하룻밤만 자고 나면 금세 풀려 버릴 것이 확실하다. 그러고는 또다시 미치도록 걷고 싶어지리라. 신비롭고 아름답던 존 뮤어 길의 풍광들이 금방 또 그리워질 테니까.

삶은 여행이다. 여행은 무의미하던 것이 의미를 갖게 되는 것이고, 낯선 곳이 정겨워지는 것이며, 고통이 아름다운 추억으로 변하는 신비한 마술 같은 것이다. 여행은 지구별 위에 내 발자취를 남기는 것이며, 새로운 인연을 맺으며 세계와 연결되는 마법의 통로이다. 여행이야말로 살아 있음의 증명이다.

죽음을 앞둔 말기 환자들이 가장 소원하는 일이 바로 여행을 떠나는 것이라고 한다. 그러나 일상이 뒷받침되지 않는 일탈은 허탈일 뿐이다. 버팀이 되는 일상의 삶이 있어야 떠남의 희열도 커진다. 화려한 비상을 원한다면 튼튼한 삶의 토대를 먼저 다져 두어야 할 것이다. 그리고 떠나는 것이다.

도시 생활은 사람을 긴장시키고 경쟁하게 한다. 서로를 의심하게 하고 손해 보지 않으려 신경을 곤두서게 한다. 마음에도 없는 말을 하게하고 때로는 악다구니를 쓰게 한다. 이렇게 비틀리고 꼬인 심성을 이완시키고 진정시켜 주는 묘약이 자연이다. 흐르는 강물과 우직한 바위와 나부끼는 이파리들이 우리 마음을 어루만지고 다독이면, 우리는 어린아이처럼 천진해지게 마련이다. 산에 다녀오면 마음이 밝아지고 평안해지는 이유이다.

같은 풍경을 보고서도 그것을 받아들이는 사람의 마음자세에 따라서 감동이 달라진다. 눈을 빛내며 정말 아름답다고 감탄사를 터트리는 사람이 있는가 하면, "그 산이 그 산이지 뭐." 하며 시큰둥한 사람이 있다. 중요한 것은 가슴의 떨림이다. 우리 마음에 울림을 주는 것이라면 추하더라도 아름다울 수 있다. 기억, 냄새, 음식 그 하나하나가 다 삶의 구성 요소지만 그것들을 특별하게 하고, 의미 있게 하는 것은 아름다움에 대한 추구이다. 아름다운 음식, 아름다운 풍경, 아름다운 기억들.

아름다움은 우리가 사물의 중심으로 온전히 몰입해 들어갈 때 느낄 수 있다. 아름다움에의 추구가 삶을 행복하게 한다. 내 삶의 모토가 '아름다움을 찾아가는 구도의 길'이다. 아름다운 사람을 사귀고 싶고, 아름다운 자연을 만나고 싶다. 아름다운 책을 읽고 싶고, 아름다운 영화를 보고 싶다. 아름다운 생각을 하고 아름다운 이야기를 나누며 아름답게 살아가고 싶다. 그리하여 종국에는 아름답게 늙고 싶다. 아름다움만이 삶에 생동감을 불어넣고 살아 있음의 의미를 갖게 한다.

존 뮤어 길은 정말 아름다운 자연의 풍광을 간직하고 있는 곳이다. 어느 날 문득 여행을 가고 싶어진다면 대자연의 아름다움을 만끽할 수 있는 존 뮤어의 길을 떠올려보시라. 삶을 공감하고 교감할 수 있는 아름다운 사람들과 함께 곰과 사슴이 인간과 어울려 삶을 이어가는 존 뮤어의 대자연을 향해서 떠나보시라. 송어가 헤엄치는 맑은 물이 푸른 초원 사이로 흐르는 곳, 꽃과 새들이 노래하고 바위와 호수가 눈부시게 빛나는 아름다운 그곳으로.

존 뮤어의 길을 함께 걸은 벗들에게 깊은 감사의 마음을 전합니다.

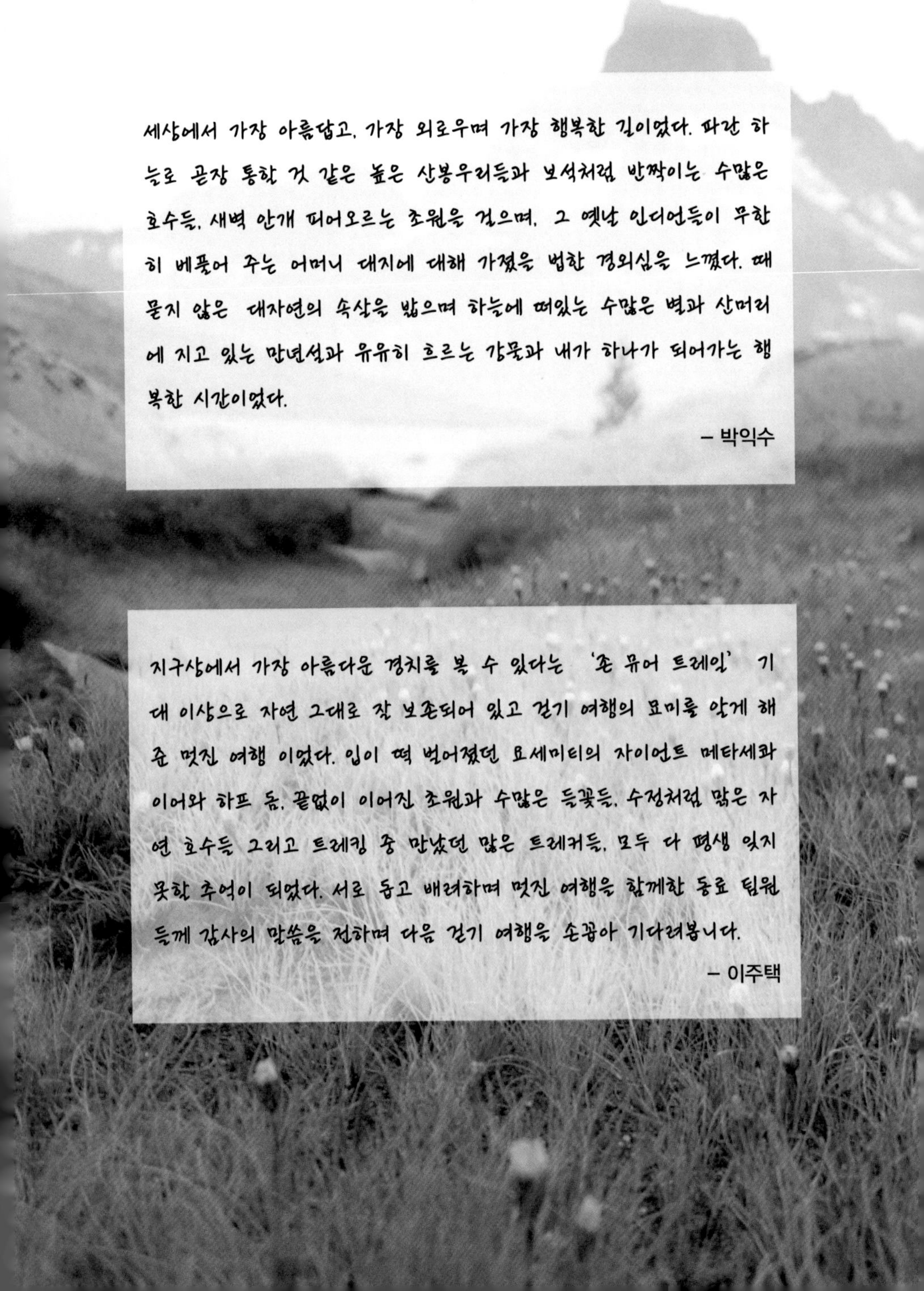

세상에서 가장 아름답고, 가장 외로우며 가장 행복한 길이었다. 파란 하늘로 곧장 통한 것 같은 높은 산봉우리들과 보석처럼 반짝이는 수많은 호수들, 새벽 안개 피어오르는 초원을 걸으며, 그 옛날 인디언들이 무한히 베풀어 주는 어머니 대지에 대해 가졌을 법한 경외심을 느꼈다. 때 묻지 않은 대자연의 속살을 밟으며 하늘에 떠있는 수많은 별과 산머리에 지고 있는 만년설과 유유히 흐르는 강물과 내가 하나가 되어가는 행복한 시간이었다.

— 박익수

지구상에서 가장 아름다운 경치를 볼 수 있다는 '존 뮤어 트레일' 기대 이상으로 자연 그대로 잘 보존되어 있고 걷기 여행의 묘미를 알게 해 준 멋진 여행이었다. 입이 떡 벌어졌던 요세미티의 자이언트 메타세콰이어와 하프 돔, 끝없이 이어진 초원과 수많은 들꽃들, 수정처럼 맑은 자연 호수들 그리고 트레킹 중 만났던 많은 트레커들, 모두 다 평생 잊지 못할 추억이 되었다. 서로 돕고 배려하며 멋진 여행을 함께한 동료 팀원들께 감사의 말씀을 전하며 다음 걷기 여행을 손꼽아 기다려봅니다.

— 이주택

산을 좋아하는 사람은 누구나 한 번쯤은 해외 원정 산행과 야영을 꿈꿉니다. 존 뮤어 트레킹을 하자고 했을 때 무척이나 설레면서 흥분했던 기억이 생생합니다. 무거운 배낭을 메고 온종일 걷는 트레킹은 육체적으로는 힘들지만 묘한 매력이 있습니다. 하룻밤 산속에서의 생활은 모든 고통을 치유하고 다음날 또 다시 걷게 하는 마력을 지녔습니다. 단 한 분이라도 이 여행기를 읽고 용기를 얻어 직접 길을 나서기를 기대해 봅니다.

— 신재식

●TIP 1. 존 뮤어 트레킹 예약하기

요세미티 공원은 365일 개방되어 있기 때문에 언제든지 방문이 가능하지만 야영을 하거나 트레킹을 즐기기 위해서는 반드시 예약을 해야 한다. 요세미티는 고도가 높은 지역으로 시월 이후에는 눈 때문에 대부분의 길이 폐쇄되고 리조트도 문을 닫는다. 봄이 되면 눈이 녹으면서 수량이 늘어나 폭포수가 웅장하게 쏟아지는 장관을 구경할 수 있지만, 강물이 불어서 강을 건널 때 위험에 처할 수가 있다. 그래서 6월 초까지는 트레킹을 자제하는 것이 안전하다.

존 뮤어 트레킹을 하기 가장 좋은 기간은 여름철인 7월과 8월, 그리고 9월 중순까지이다. 9월 중순 이후에는 모기가 없어지고 트레킹을 예약하기가 쉽다는 이점이 있지만, 날이 추워지고 일기가 불순해져서 폭설의 위험이 도사리고 있다.

존 뮤어 트레일은 남쪽인 휘트니 산의 입구에서 출발하여 북쪽인 요세미티 공원에서 끝마치는 방법도 있지만, 일반적으로는 고도를 서서히 높여가는 요세미티 공원에서 휘트니 산 방향으로의 트레킹을 선호하는 편이다. 존 뮤어 트레일은 요세미티 국립공원을 비롯해서 도중에 엔젤 아담스 자연보호구역, 인요 국유림, 킹스캐니언 국립공원, 세콰이아 국립공원 등, 여러 개의 국립공원 관할지역을 거치기 때문에 들머리를 어디로 잡느냐에 따라 예약을 해야 하는 관리소가 달라진다.

예약을 하기 위해 제일 먼저 해야 할 일은 존 뮤어 트레일 홈페이지 (http://johnmuirtrail.org/index.html)를 방문하는 것이다. 이곳에서 존 뮤어 걷기 여행에 필요한 일차적인 정보와 자료들을 얻을 수 있다. 어떤 음식들이 필요하고 어떤 장비가 필요한지 자세히 나와 있고, 관련 안내 책자와 지도도 소개하고 있다. 먼저 길을 걸은 사람들의 여행 후기도 실려 있어 읽어 보면 트레킹 중에 어떤 풍경이 펼쳐지고 어떤 상황이 진행될 지 미리 파악할 수 있다.

첫 화면의 꼭지 중 'preparation'을 클릭해 들어간 후 다시 'permits'를 눌러 보면 7개의 구간으로 나누어진 들머리(Trailhead)를 볼 수 있으며, 각각의 들머리별로 예약을 대행하는 해당 인터넷 사이트가 제시되어 있다.

예를 들어 요세미티 공원의 해피아일 들머리(Happy Isles Trailhead)에서 종주를 시작하려면 http://www.yosemiteconservancy.org/wilderness-permits-details를 방문해야 하고, 맘모스 레이크의 레즈 메도우 들머리(Reds Meadow Trailhead)에서 여행을 시작한다면 인요 국유림 사이트 (http://www.fs.usda.gov/detailfull/inyo/home)를 클릭해서 들어가면 된다.

요세미티 공원 홈 페이지(http://www.yosemiteconservancy.org)에 들어가면 예약에 관련된 사항들이 다시 한 번 자세히 설명되어 있다. 특이한 사항은 쿼터 시스템이다. 요세미티 관내의 각 들머리별로 하루에 입장할 수 있는 인원에 제한이 있다.(하루 입장 정원은 당일 여행객 100명, 종주 백패커 50명 해서 총 150명이다. 이들을 다시 들머리별로 10명, 20명씩 세분하여 배정을 따로 한다.) 이들 총 인원 중에 60%는 예약을 받고, 나머지 40%는 당일 현장에서 선착순으로 채운다. 단체 팀의 팀원은 15명 이하로 구성해야 한다.

예약은 정확히 24주(168일) 전부터 할 수 있다. 적어도 산행일 이틀 전까지는 예약을 완료해야 한다. 인기가 없는 코스나 사람이 붐비지 않는 시즌에는 예약에 여유가 있을 수 있겠지만, 존 뮤어 트레일은 전 세계적으로 유명한 길일뿐만 아니라, 미국 현지 사람들도 꼭 한 번은 가 보고 싶어 하는 곳이므로 엄청난 예약 경쟁을 치러야 한다.

6년 전에 발간된 책자에는 매년 당해 2월25일에 인터넷을 통해 허가 신청을 할 수 있다고 되어 있지만, 지금은 24주 전에 신청을 하는 것으로 규정이 바뀌었다.(예약 방법이 언제든지 바뀔 수 있으므로 반드시 미리 확인해 보아야 한다.)

국립공원 안내 사이트의 캘리포니아 요세미티 예약 코너(http://www.nps.gov/yose/planyourvisit/wildpermitdates.htm)에 들어가 보면 예약할 수 있는 첫 날짜가 예시되어 있다. 예를 들어 트레킹을 7월 21일부터 시작할 계획이라면 2월 3일부터 예약이 가능하다.

예약을 하는 방법은 세 가지다. 우편 접수와 팩스 그리고 전화. 인요국유림은 온라인 예약이 가능하지만, 요세미티 공원은 온라인 예약을 받지 않는다. 첫 번째 방법인 우편 접수는 외국인들에게는 비현실적인 방법이다. 우편이 오고 가는 데 시간이 많이 걸리기 때문이다. 전화 예약이 편리하지만 언어 소통에도 문제가 있고, 무엇보다 전화선이 매우 바빠서 통화에 성공할 가능성이 희박하다. 가장 권할 만한 방법은 팩스를 이용하는 것이다.

요세미티 공원 홈페이지(http://www.yosemiteconservancy.org/

wilderness-permits-details)의 퍼밋 디테일에서 reservation form을 클릭해서 들어가면 팩스 작성 요령에 대한 자세한 사항이 나와 있고, 다음 페이지에 예약 양식지가 첨부되어 있다. 안내 사항을 꼼꼼히 읽은 후 직접 작성해서 출력하면 된다.

여행 들머리에 대해서 3개의 선택권이 주어진다. 들머리를 직접 써넣는 것이 아니고 예시된 항목 중에서 클릭하면 자동으로 입력이 된다. 존 뮤어 트레일을 여행할 사람은 원래 Happy Isles → Sunrise/Merced Lake Pass Through 항목을 선택해야 한다. 그러나 Happy Isles를 출발점으로 삼는 Happy Isles → Little Yosemite Valley나 Glacier Point → Little Yosemite Valley를 선택해도 무방하다. 우리 팀도 3지망으로 선택한 Glacier Point → Little Yosemite Valley가 용케 당첨되는 행운을 누렸다.

이 경우 원칙은 윌더니스 센터에서 확정 퍼밋을 받은 후에 Glacier Point로 이동하여 트레킹을 시작해야 하지만, 그냥 보통의 존 뮤어 트레일 시작점인 Happy Isles에서 출발하더라도 특별히 문제가 되지는 않는다. 시작점에서 검표원이 검표를 하는 것도 아니며, 이 구간은 당일 여행객들과 뒤섞여 산행이 시작되므로 구별도 어렵다. Glacier Point에서 출발한 트레일은 네바다 폭포 직전에 Happy Isles에서 출발한 존 뮤어 트레일과 합류되므로 이후에는 합법적인 트레킹이 가능하다.

확정 퍼밋은 꼭 휴대해야 하며 레인저의 요구가 있을 경우에는 그 자리에서 반드시 제시해야 한다. 국립공원의 레인저들에게는 강력한 사법권이 주어져 있어 지시를 따르지 않을 경우 현장에서 체포될 수도 있다고 한다. 우리 팀의 경우 여행하는 5일 동안 두 번 레인저와 마주쳤으며, 한번은 레인저로부터 퍼밋을 보여줄 것을 요구받기도 했다.

▲ 글레시어 포인트에서 오는 길이 네바다 폭포로 가는 길과 합쳐지는 지점

양식지에는 첫날 야영지(1st Night Camp Location)를 적어 넣게 되어 있다. 적당히 적어 넣으면 되는데, Happy Isles → Sunrise/Merced Lake Pass Through를 선택했다면 Half Dome Junction(하프 돔 갈림길)이 적당하고, Happy Isles → Little Yosemite Valley를 선택한 경우에는 첫날 야영지로 Little Yosemite Valley를 적으면 된다.

Little Yosemite Valley에서 야영할 경우 원래는 따로 예약을 해야 하지만, 이 퍼밋이 있으면 따로 예약을 잡을 필요 없이 야영이 가능하다. 그러나 이 조건으로 퍼밋이 발부됐다고 하더라도 반드시 Little Yosemite Valley에서 야영을 해야만 하는 것은 아니다. 우리 팀도 예약은 그렇게 잡혔지만 그곳을 지나서 하프 돔 갈림길 근처에서 야영을 했다.

날머리도 마찬가지로 예시된 꼭지에서 선택하면 된다. 예시 사항을 밑으로 쭉 내려 보면 요세미티 지역 바깥의 휘트니 포탈이나 레즈 메도우를 선택할 수 있게 되어 있다. 그 밖에 팀의 인원과 여행 방식을 적어 넣고 리더의 인적 사항을 작성해 넣으면 된다. 인적 사항은 팀의 리더 한 명만 적으면 된다.

하프 돔을 등반할 예정이라면 트레킹을 신청하면서 함께 예약할 수 있다. 하프 돔 등반은 일인당 8달러씩의 비용을 지불해야 하지만 예약하면서 내는 것은 아니고 나중에 퍼밋을 받을 때 월더니스 센터에서 지불하면 된다.

요세미티 트레킹 퍼밋 예약 수수료는 일인당 5달러이며 카드로 결제 가능하다. 양식지에 카드 번호와 유효기간 등을 기재하게 되어 있다. 이 돈은 예약이 성사되든 되지 않든 수수료로 지불되며 환불되지 않는다.

그렇게 작성한 양식지를 출력하여 팩스를 보내면 된다.(팩스 번호: 209-372-0739) 팩스는 예약 가능한 첫 날짜의 하루 전 오후 5시 이후부터 당일 아침 7시까지 도착하게 보내면 된다. 모든 시간은 미국 캘리포니아 현지의 시간으로 수정해서 계산해야 한다. 대략 16시간의 시차가 난다. 당일 아침까지 접수된 팩스들을 모아서 추첨을 한 후 당첨이 되면 하루나 이틀 후에 메일로 확정 통보가 온다.

신청서 작성 예

Yosemite National Park
Wilderness Permit Reservation Application

❶ Trip Planning

Please see instructions page for detailed instructions, additional information and answers to many of your questions before trying to complete this form. In case your first choice is not available, list alternative dates and/or trailheads, in order of preference to which you can commit. For trailheads and trip planning information please visit http://www.nps.gov/yose/planyourvisit/backpacking.htm

Permit ID #

_____
For Official Use Only

				1ˢᵗ Night's Camp Location
1ˢᵗ Choice	Entry Date	JUL 22	Happy Isles->Little Yosemite Valley	Yosemite Valley Curry village
	Exit Date	JUL 26	Red's Meadow	
2ⁿᵈ Choice	Entry Date	JUL 22	Glacier Point->Little Yosemite Valley	Yosemite Valley Curry village
	Exit Date	JUL 26	Red's Meadow	
3ʳᵈ Choice	Entry Date	JUL 22	Yosemite Falls	Yosemite Valley Curry village
	Exit Date	JUL 26	Red's Meadow	

Number of People ____4____ Minimum Number of People Acceptable *(if applicable)* ____3____

Number of Stock Animals & Type ____0____ Is this a Guided/Organized Trip (Check) ☐ YES ☑ NO

If yes, write name of GUIDE SERVICE (e.g. Sierra Club) or ORGANIZATION (e.g. BSA)

I would like to walk to the top of **Half Dome** while on this overnight wilderness trip, please reserve **Half Dome Permits** for an additional $8 per person payable when I pick up my wilderness permit. (Check)

☐ NO ☑ YES Number of Half Dome Permits ____4____
(If yes, list number of Half Dome Permits) *Can not be more than group size.*

If Half Dome permits are **NOT** available for my trip (Check):

☐ Please do **NOT** process this reservation.

☑ Make this wilderness permit reservation without Half Dome permits. I understand that there are no refunds for wilderness permit reservations.

❷ Trip Leader Information

Name JU TAEK _____ LEE
    first   *middle*   *last*

Address Modong APT 1420-206, Yangcheon-gu

City Seoul

State _____ Zip 158-774

Country South Korea

Phone (____) +82 10 8726 7228

Email apt4you@hanmail.net

❸ Fees/Payment

For confirmed reservations only there is a processing fee of $5.00 per permit plus a $5.00 per person reservation fee. All processing and reservation fees are **non-refundable**. Fees may vary depending on group size

Number of People ____4____ x $5.00	**$20.00**
Transaction Fee	+ $5.00
Total Fee Amount	**$25.00**

Please check method of payment:

☑ **Credit Card** ☐ **Check** ☐ **Money Order**

Make checks or money orders payable to "Yosemite Conservancy"

Credit Card # 4658 - 8756 - 7162 - 3025

Expiration Date: 11 / 15 CVV Code # 031
                month *year*

Name on Card JU TAEK LEE

Signature _____

❹ Submit Application

Mail To: Permit Reservations
P.O. Box 545
Yosemite, CA 95389

Fax To:
(Please, no cover letters)
209.372.0739

You will receive an email notification within one or two business days on the status of your request if an email address is provided.

Last revised - 01-28-2013

존 뮤어 걷기 여행

확정 메일 예

This confirms your reservation, made on 02/04/2013, for a wilderness permit for the following trip. THIS IS A RESERVATION CONFIRMATION, NOT A PERMIT.

Permit ID: 01598
Entry Date: 07/21/2013
Entry Trailhead: Glacier Point->Little Yosemite Valley
Exit Date: 07/26/2013
Exit Trailhead: Red's Meadow
Number in Party: 4
Number hiking Half Dome: 4
Number of Stock: 0

Please remember that you must get to Little Yosemite Valley before camping. Bear boxes and composting toilets are there for your use.

General Information

Reservations are held until 10 a.m. on the entry date, and then cancelled. Call (209) 372-0308 by 10:00 a.m. on the entry date to hold reservations for late arrival. Calls will be accepted no more than two days in advance. Reservations can be held for the entry date only.

Please bring this confirmation with you when you pick up your permit. You can pick up your reserved permit at the Yosemite Valley Wilderness Center or any other issue station.

This confirmation email provides authorization for you to stay in a backpackers campsite in park campgrounds one night before and one night after your trip. The cost is $5.00 per person per night.

Approved bear-resistant food canisters are required in all areas of Yosemite Wilderness. Canisters are available for rent at all Yosemite Wilderness Centers. For information about the Yosemite Wilderness and traveling in bear country visit www.nps.gov/yose/planyourvisit/backpacking.htm or one of Yosemite's Wilderness Centers. Call (209) 372-0200 for Wilderness Center locations and hours.

Questions/Cancellations: Call (209) 372-0740

Please do not reply to this confirmation via email. Mail any written correspondence to:

Wilderness Center
PO Box 545
Yosemite, CA 95389

이 예약 확정 메일을 출력해서 가져가면 된다. 메일 안내에는 확정 퍼밋을 공인된 모든 사무소에서 받을 수 있는 것으로 나와 있어 조금 혼선을 겪었다. 본문에도 쓰여 있지만 우리는 해피 아일의 레인저 사무실에서도 퍼밋 관련 업무를 보는 줄 알고 찾아갔다가 낭패를 보게 된다. 반드시 요세미티 밸리의 비지터 센터 옆에 있는 윌더니스 센터(Wilderness Center)를 찾아가야 한다. 업무 시간은 통상 아침 8시부터 오후 5시까지이며, 7월과 8월에는 아침 7시 30분부터 문을 연다고 한다.

존 뮤어 걷기 여행

🔴TIP 2. 곰통(Bear canister) 대여하기

존 뮤어 걷기 여행을 위해서는 곰통 소지가 필수 사항이다. 곰통은 곰의 습격에 대비해 음식을 보관해두는 통을 말한다. 필요한 경우 구매를 해서 가져갈 수도 있겠지만 대부분은 대여를 하게 된다. 곰통은 윌더니스 센터에서 확정 퍼밋을 받을 때 대여할 수 있다. 대여 비용은 7일에 5달러씩이다. 대여할 때 95달러를 보증금으로 예치해야 하며, 카드를 이용할 수 있다.

곰통의 재질은 특수 강화 플라스틱으로 만들어져 있다. 크기는 높이가 30.5cm이고 지름이 22.4cm이며, 무게는 1.2kg이다. 의자로 이용하기에 안성맞춤의 크기라서 의자 대용으로 이용할 수도 있다. 동전을 이용해서 뚜껑을 열고 닫을 수 있게 되어 있다. 보통의 대형 배낭이라면 가로나 세로로 모두 수납이 가능하다.

곰통을 직접 보기 전에는 크기가 잘 가늠이 안 되어서 이 녀석을 배낭 안에 넣을 것인지 밖에 매달 것인지 고민이 많았지만 다행히 곰통 안에 가져간 음식들을 채운 후 배낭 안에 잘 수납할 수 있었다.

존 뮤어 걷기 여행 중에는 곰이 자주 출현하므로 반드시 곰통 관리를 철저히 해야 뜻하지 않은 불상사를 막을 수 있다. 저녁을 먹은 후에는 모든 남은 음식을 곰통에 수납한 후 뚜껑을 잘 닫고 숙영지에서 30m 정도 떨어진 곳에 갖다 놓아야 한다. 만약에 배낭 안에 음식물이 남아 있을 경우 배낭이 찢기는 사고를 당할 수도 있다. 곰의 후각은 매우 예민하여 심지어는 몸에 음식 냄새가 남아 있을 경우 자다가 텐트를 습격당할 수도 있다고 한다. 그래서 몸에 밴 음식 냄새를 완전히 제거한 후에 텐트에 들어가라는 주의사항도 있다.

실제 여행 중에 곰의 습격을 받는 불상사를 입었다. 마지막 날이라고 제대로 곰통을 단속하지 않고 잠든 것이 화근이었다. 영리한 곰이 제일 음식물이 많이 들어 있던 통 하나를 탈취해서 언덕 위의 아지트로 끌고 간 후 부스러기 하나 남기지 않고 통 안에 들어 있던 모든 음식을 싹싹 먹어치워 버린 것이다. 이 녀석이 곰통을 발로 굴리면서 갔는지, 아니면 두 손에 곰통을 들고 두 발로 걸어서 언덕 위로 올라갔는지는 여전히 풀리지 않는 미스터리이다.

●TIP 3. 교통 – 비행기, 셔틀버스, 대중교통

1) 비행기 예약

샌프란시스코 왕복 비행기 표를 예매한다. 비행기 표는 어떤 시점에서 어떤 조건과 방법으로 구매하느냐에 따라 가격이 많이 달라진다. 보통은 방학이 시작되는 7월 중순부터 8월 중순까지가 최성수기에 해당되므로 이 점을 고려하여 트레킹 날짜를 잡고 표를 예매하도록 한다.

할인항공권을 주로 취급하는 여행사를 통해서 구매할 수도 있고, 항공사의 홈페이지에 들어가서 직접 구매할 수도 있다. 일찍 조기에 구매하면 상당한 할인 혜택을 받을 수 있다. 여행사의 실시간 할인항공권구매 창을 열어 보면 항공사별 요금과 운항 시간 및 예약 가능 상태를 실시간으로 파악할 수 있다.

예약 상태가 대기로 나와 있는 경우는 너무 이른 날짜라서 아직 공식적으로 티켓 예약이 이루어지지 않는 경우이므로 수시로 사이트에 들어가서 티켓이 오픈되는지를 확인해야 한다. 미심쩍으면 항공사 사이트에 직접 들어가서 확인해 보는 것이 좋다. 우리 같은 경우는 싱가포르 항공의 티켓이 시간과 가격이 잘 맞아서 주시하던 중에 싱가포르 항공사의 홈페이지를 통해 저렴한 가격으로 티겟을 예매할 수 있었다.

2) 샌프란시스코 공항에서 요세미티까지의 이동 교통편

네 가지의 방법이 있다. 가장 편리한 방법은 택시를 이용하는 것이다. 그러나 이 방법은 가장 많은 비용이 든다.(편도 700달러 정도) 다음은 차량을 대여하는 것이다. 인터넷을 이용하면 한국에서 직접 렌터카를 예약하고 이용할 수 있다. 1주일 대여 비용은 보험료 포함해서 대략 350달러에서 400달러 정도이다. 존 뮤어 트레일을 종주한 후 LA로 귀환하게 되는 종주 여행자에게는 그림의 떡이지만, 우리처럼 네 명이 일주일 정도 함께 여행하고 다시 요세미티로 돌아오는 일정이라면 이 방법을 추천하고 싶다. 물론 국제운전면허를 미리 취득해야 하며 운전은 한 차에 두 명까지만 허용이 된다.

세 번째는 요세미티를 왕복하는 셔틀버스를 이용하는 것이다. '스타라인 투어'(http://www.starlinetours.com/yosemite-transportation.asp)를 이용하면 된다. 다만 운행 시간에 주의를 기울여야 한다. 아침 6시 15분에서 6시 45분 사이에 샌프란시스코 시내의 주요 호텔들을 돌며 예약한 사람들을 픽업해 준다. 전날 공항에 도착 후 시내에 들어와서 하루 관광도 하고 숙박한 후에 다음날 아침 셔틀버스를 이용하여 요세미티로 이동하면 될 것이다.

요금은 왕복 1인당 180달러이고, 편도 이용도 가능한데 요세미티로 들어갈 때는 입장료 포함 95달러이고 반대로 샌프란시스코로 리턴하는 편도 요금은 1인당 85달러이다. 버스는 요세미티 밸리의 초입에 있는 '요세미티 로지(Yosemite Lodge at the Falls)'에서 타고 내릴 수 있다.

마지막 방법은 대중교통을 이용하는 것이다. 온갖 과학 기술이 발달한 미국이지만 대중교통망만은 그리 신통치가 않다. 워낙 땅덩어리가 넓은 탓일 것이다. 샌프란시스코에서 요세미티 공원까지 대중교통편으로 가려면 교통의 요지인 머시드(Merced)라는 도시를 반드시 거쳐야 한다. 그레

존 뮤어 걷기 여행

▲ 버스에 특별한 표지가 되어 있지 않아 착각할 수 있다. 반드시 버스 기사에게 노선을 확인받도록 한다.

이하운드 버스를 이용하여 직접 머시드로 갈 수도 있고, 기차를 이용할 수도 있다. 기차를 이용하기 위해서는 샌프란시스코 시내에서 버스를 타고 기차역이 있는 에머리빌(Emeryville)로 가야 한다.(약 50분 정도 소요)

버스는 유니온 스퀘어, 피셔맨스 워프, 페리 빌딩 등 시내 주요 지점에서 탑승할 수 있다. 아침(6614번), 정오(6616번), 오후(6618번) 세 편이 있는데, 이 버스 시간과 에머리빌에서 머시드로 가는 기차 시간은 서로 연계가 되어 있다. 예를 들어, 아침 9시 15분에 피셔맨스 워프에서 버스를 탔다면 10시 5분쯤 에머리빌 기차역에 도착하여 대기 중인 10시 15분발 기차를 탑승할 수 있다.

머시드까지는 기차로 약 2시간 40분이 소요되므로 12시 50분이면 머시드역에 도착하게 된다. 머시드에서 요세미티 공원까지는 다시 버스를 타야 한다. 아침 일찍 7시 10분에 출발하는 버스(8400번)가 있고, 9시 15분(8402번)과 11시(8412번) 그리고 오후 5시 30분에 한 대의 버스(8416번)가 출발한다. 대략 2시간 40분가량 소요된다. 자세한 사항은 암트랙 사이트(www.amtrak.com)를 참조할 것.

3) YARTS (Yosemite Area Regional Transportation System) 버스 이용하기

　요세미티에서는 관내의 몇 군데 거점들을 연결하는 YARTS 버스가 운행된다. 도로별로 세 개의 노선이 있으며 그중 120번 도로를 이용하는 버스가 유용하다. 이 버스를 이용하면 종주자들이 짐을 미리 맡겨두는 투올룸 메도우(Tuolumne Meadow)를 거쳐, 레즈 메도우(Reds Meadow)와 연결되는 맘모스 레이크(Mammoth Lakes) 시까지 오갈 수 있다. 요금은 거리별로 각각 다른데 종점인 맘모스 레이크까지 갈 경우 1인당 편도 18달러이다. 우리는 여행을 마치고 맘모스 레이크에서 요세미티로 돌아올 때 이 버스를 이용했다.

　온라인(WWW.YARTS.COM)으로 예약하면 할인 티켓을 구할 수도 있으며, 보통은 탑승하면서 기사에게 직접 돈을 지불하면 된다. 요세미티에서 맘모스 레이크까지는 하루에 단 한 번 오고 가므로 시간과 탑승 장소를 잘 확인해 두어야 한다. YARTS 홈페이지에 지도와 타임 스케줄이 잘 나와 있다.

존 뮤어 걷기 여행

<u>4) 레즈 메도우 리조트(Reds Meadow Resort)에서 맘모스 레이크시로 나오기</u>

우리처럼 레즈 메도우에서 걷기 여행을 마친다면 샌프란시스코로 귀환하기 위해서 세 단계를 거쳐야만 한다. 레즈 메도우에서 맘모스 레이크시로 우선 나와야 하고, 맘모스 레이크에서 요세미티로 귀환한 후, 다시 샌프란시스코로 이동해야 한다.

레즈 메도우 리조트에서 맘모스 레이크 시까지는 20분 간격으로 셔틀버스가 운행된다. 버스 운행 마감 시간은 저녁 7시이지만, 안전한 귀환을 위해서는 늦어도 6시까지 도착하는 것이 좋겠다. 버스는 '맘모스 마운틴 스키장(Mammoth Mt. Ski Area)'에서 대기하고 있는 버스로 한 번 갈아타야 한다. 환승할 때 요금은 따로 더 받지 않는다.

●TIP 4. 요세미티 밸리에 대하여

요세미티 국립공원은 캘리포니아 중부 시에라네바다(Sierra Nevada) 산맥 서쪽 사면에 위치한 산악지대를 말하며 상당히 넓은 지역을 포함한다. 그중에서 우리가 요세미티를 다녀왔다고 말할 때의 요세미티는 대부분의 주요 사무실과 시설물들이 모여 있는 '요세미티 밸리 구역'을 지칭하는 것이다.

요세미티 밸리는 다시 요세미티 빌리지(Yosemite Village) 구역과 커리 빌리지(Curry Village) 구역, 두 구역으로 나누어져 있다. 비지터 센터(Visiter Center)와 윌더니스 센터(Wilderness Center)는 요세미티 빌리지 구역에 자리하고 있으며, 대부분의 캠프 그라운드는 커리 빌리지 구역 가까이에 있다. 관내를 무료로 운행하는 셔틀버스를 타면 이들 지역을 쉽게 오고 갈 수 있다. 버스는 수시로 운행되며, 참고로 존 뮤어 트레킹 관련 수속을 관장하는 윌더니스 센터에 가려면 2번이나 10번 정류장에 내려서 조금 걸어가야 한다.

존 뮤어 걷기 여행

선물 가게와 식당은 요세미티 로지(8번 정류장) 근처와 커리 빌리지(13b 정류장) 근처에 모여 있다. 커리 빌리지의 식당가 구역에는 식료품 마트와 등산 장비점이 있어서 필요한 식량을 보충할 수 있고, 버너에 필요한 연료와 가스 캔을 구입할 수도 있다. 마트와 장비점은 규모가 제법 커서 웬만한 음식과 장비들이 모두 갖추어져 있다.

메인 식당은 아침 7시부터 문을 여는 데 아침, 저녁 시간만 오픈하고 점심때는 문을 열지 않는다. 주변에는 피자 가게가 있고 햄버거와 샌드위치 등을 살 수 있는 매점은 오전10시부터 문을 열고 점심시간에도 이용할 수 있다.

존 뮤어 걷기여행에 유용한 팁들

요세미티 벨리 내에서 제일 가깝게 가볼만한 관광지는 요세미티 폭포 (Yosemite Fall)이다. 3단으로 떨어져 내리는 물줄기의 모습이 장관을 이루며, 폭포의 하단부까지 이르는 산책로가 아름답기로 유명하다. 잠깐의 시간을 낼 수 있다면 요세미티의 아름다운 경치를 사진으로 찍어 세상에 알린 전설적인 사진작가 '엔젤 아담스'의 작품을 모아 놓은 엔젤 아담스 갤러리(Ansel Adams Gallary)와 당시 인디언들의 생활상과 요세미티 국립공원의 형성 과정을 살펴볼 수 있는 박물관을 가볼 것을 권한다. 트레킹을 마치고 레즈 메도우에서 요세미티 공원으로 돌아오면 세 시간 정도의 여유가 생긴다. 이때 둘러보면 좋겠다.

💡TIP 5. 요세미티에서 첫날밤 보내기

요세미티 밸리 안에는 다양한 형태의 숙소들이 자리하고 있다. 럭셔리한 하루를 꿈꾼다면 아와니 호텔(Ahwahnee Hotel)에 투숙하거나 요세미티 뷰 로지(Yosemite View Lodge)를 예약하면 된다. 그러나 1박에 500달러라는 막대한 비용의 지출을 각오해야 한다. 좋은 위치와 합리적인 가격의 장점을 가진 곳은 커리 빌리지(Curry Village)이다.

커리 빌리지는 천막으로 된 막사에 침대와 약간의 편의시설을 갖춘 간이숙소이다. 1박 요금은 2인 1실 105달러 정도. 예약은 호텔스 닷컴(kr. hotels.com) 같은 일반 호텔 예약 사이트에서 할 수 있다. 7월과 8월은 미국에서도 성수기에 해당하는 기간이므로 미리 미리 예약을 해 두어야 한다. 예약은 1년 전부터 할 수 있다

▲ 침대가 있는 막사 형태의 숙소, 커리 빌리지(Curry Village)

가장 추천할 만한 방법은 캠핑 사이트를 이용하는 것이다. 어차피 야영 장비를 가지고 있으므로 미리 야영 연습을 하는 셈치고 텐트 점검도 할 겸 야영할 것을 권한다. 존 뮤어 트레일 트레킹 퍼밋을 가진 백패커들은 노스 파인스(North Pines Campground) 캠핑장 근처에 있는 백패커스 캠프그라운드(Backpackers' Campground)에서 따로 예약 없이 1박을 할 수 있는 권리가 있다. 우리는 그걸 모르고 캠핑장을 예약하기 위해 머리와 손을 엄청나게 굴려야만 했었다. 그러나 위치상으로는 백패커스 캠핑장이 조금 후미진 곳에 떨어져 있으므로 예약이 힘들어서 그렇지 할 수만 있다면 정규 캠핑장 예약을 시도해 보는 것도 나쁘지 않다는 생각이다.

요세미티 밸리 내의 캠핑장은 크게 세 구역으로 나누어져 있다. 들머리인 해피 아일과 제일 가까운 곳은 어퍼 파인스(Upper Pines) 구역이다. 그 아래 로우어 파인스(Lower Pines) 구역이 붙어 있다. 셔틀버스를 탔다면 15번 정류장에서 내리면 된다. 둘 다 강 아래쪽에 위치하며, 노스 파인스 캠핑장은 강 건너 북쪽에 자리하고 있다. 백패커를 위한 캠핑장은 그보다도 더 북쪽에 위치하고 있어 해피 아일 들머리까지 나오려면 30분 정도 걸어야 한다.

캠핑장 예약은 온라인(www.recreation.gov)으로 가능하다. 보통의 미국 국립공원 캠핑장 예약일은 6개월 전 매달 1일이지만, 요세미티 국립공원 캠핑장만 예외로 4개월 전 매달 15일이 예약일이다. 만약 7월에 캠핑을 하려고 한다면 3월 15일에 예약을 해야 한다. 미국 현지인들도 여름휴가 기간에 요세미티에서 캠핑하는 것을 큰 즐거움으로 삼기 때문에 캠핑자리 하나를 예약하려면 우리나라 지리산 산장 예약하는 것만큼이나 치열한 경쟁을 치러야 한다.

존 뮤어 걷기 여행

아침 7시부터 부킹이 시작되므로 미리 예약 사이트에 들어가서 원하는 날짜와 캠핑 타입, 캠핑 자리를 선택한 후 기다렸다가 7시 땡 시보가 울리면 [Book these Dates] 버튼을 재빠르게 클릭해야 한다. 첫 번 예약에 실패했더라도 포기하지 말고 [Find other sites] 버튼을 눌러서 다시 한 번 시도해볼 수 있다. 보통 예약은 2, 3분 안에 순식간에 매진되어 버린다. 백패커스 캠핑장 이용료가 1인당 5달러이고, 정규 캠핑장 이용료가 한 자리 당 20달러이므로 인원이 4명이라면 요금이 같은 셈이다.

⬤TIP 6. 존 뮤어 걷기여행을 마친 후의 숙박

맘모스 레이크(Mammoth Lakes) 시에는 다양한 형태의 숙소(모텔, 호텔, 사설 야영장)가 존재한다. 처음 계획을 세울 때에는 대로변에 위치한 'Shilo Inn Mammoth Lakes' 호텔에서의 1박을 고려했었다. 요세미티로 돌아가는 YARTS 버스를 탈 수 있는 정류장이 호텔 바로 앞에 있었기 때문이다. 그러나 2인 1실 1박 요금이 190달러여서 방을 두 개 예약할 경우 400달러 정도의 비용이 든다는 점이 조금 부담이 되었다. 그러던 차에 바로 근처에 'Mammoth Mt. RV Park'라는 캠핑장이 있다는 것을 알게 되었다. 샤워장도 갖추어져 있고 비용도 40달러에 불과해서 어차피 야영하는 김에 하루 더 야영을 하자는 생각으로 이곳을 예약하게 되었다.(예약금은 따로 없으며 전화로 예약하면 된다.)

그러나 마지막 밤까지 야영을 하겠다는 생각은 잘못된 계산이었다. 트레킹을 하는 동안엔 다른 선택의 여지가 없었고 대자연 속에 있었기 때문에 야영을 즐거운 마음으로 즐길 수 있었지만, 도시로 나와서까지 야영을 하려니 썩 내키지가 않았다. 게다가 여행을 마치고는 심신이 모두 지쳐 있는 상태였기 때문에 오로지 편한 곳에서 샤워를 하고 싶다는 생각밖에 다른 생각은 들지 않았다.

결정적이었던 것은 먹구름이 잔뜩 몰려오면서 어디선가 우르릉 하는 천둥소리가 들려왔다는 것이다. 비가 곧 내릴 징조였다. 마지막 날을 비를 맞으며 텐트 속에서 보내는 것은 상상만 해도 너무나 처량한 일이었다. 우리는 RV Park에서의 야영을 과감하게 포기하고 모텔을 찾아 나서기로 의견을 모았다. 가던 길에 바로 근처의 Shilo Inn 호텔에 지푸라기

▲ 여행의 마지막은 럭셔리한 호텔에서 마무리하는 것도 나쁘지 않은 선택이다.

▲ 샌프란시스코 시내의 포트 메이슨 공원 언덕 위에 자리한 국제 호스텔

존 뮤어 걷기여행에 유용한 팁들

라도 잡는 심정으로 들렀는데, 운 좋게도 마지막 딱 하나 남은 방을 가까스로 잡을 수 있었다. 이곳에 엑스트라 더블베드 하나를 들이고 넷이서 한 방을 쓰면서 조식까지 포함한 가격이 230달러. 거의 횡재한 기분이 들었다. 전화위복이고 새옹지마라더니……

샌프란시스코에 나와서는 물론 대도시이기 때문에 다양한 선택권이 있겠지만, 저렴한 숙소를 원한다면 우리가 묵었던 국제 호스텔(Hostelling International, Fort mason, Building 240, San Fransisco, CA)을 추천하고 싶다. 포트 메이슨(Fort Mason) 공원의 언덕 위에 자리한 아주 저렴하고 경치 좋은 숙소이다. 유명한 관광지인 피셔맨스 워프(Fisherman's Wharf)도 걸어서 10분이면 갈 수 있을 정도로 가까워서 다음 날 관광을 즐기기에 아주 안성맞춤이었다.

요금은 1인당 40달러. 두 명이 위아래로 잘 수 있는 2층 침대가 한 방에 4개 배치되어 있다. 샤워실과 화장실은 따로 마련되어 있는 공동시설을 이용한다. 아침 조식이 제공되며 지하에 취사장을 겸한 다용도실이 있어 음식을 냉장고에 보관하거나 직접 요리를 해먹을 수 있다. 요세미티에서 출발한 스타라인투어 셔틀버스 기사에게 이야기하면 포트 메이슨 공원 앞에 세워준다. 버스에서 내린 후 공원을 가로질러 언덕 위쪽으로 십분 정도 올라가면 된다.

존 뮤어 걷기 여행

●TIP 7. 지도 및 가이드북

현재 우리나라에서는 신영철 씨가 쓴 『걷는 자의 꿈, 존 뮤어 트레일』 (2009년, 도서출판 은행나무)이 존 뮤어 트레킹에 대해 소개하고 있는 유일한 책이다. 비룡소에서 출간한 『자연의 수호자, 존 뮤어』(진저 워즈워스 지음, 이원경 옮김)을 읽으면 존 뮤어의 생애에 대해 공부할 수 있다.

해외 서적으로는 필자가 참고로 한 『THE JOHN MUIR TRAIL』(by Alan Castle, 2010, CICERONE)이 권할 만하다. 여행 가이드북을 주로 발간하는 영국의 CICERONE이라는 출판사에서 나온 책으로 전문 여행 작가인 Alan Castle이라는 사람이 쓴 책이다. 여행에 필요한 사항들을 항목별로 아주 자세하게 정리해 놓았다.

지도는 Tom Harrison Maps에서 발간한 『JOHN MUIR TRAIL MAP-PACK』을 권한다. 아마존(www.amazon.com)에서 19달러에 구입할 수 있다. 지도는 총 13장으로 되어 있으며 각 주요 지점의 거리와 표고, 등고선 등이 아주 잘 나와 있다. 몇 부를 복사해서 동료들과 공유하면 혹시 앞뒤 간격이 벌어지더라도 다시 만날 지점을 약속할 때 유용하게 사용될 수 있을 것이다. 존 뮤어 트레일을 걸어보니 노선 상에 의외로 곁길로 빠지는 갈림길들이 많았다. 길을 나서기 전에 꼭 지도를 숙지할 것을 권한다.

혼선을 일으킬 수 있는 지점들

1) 캐세드랄 패스(Cathedral Pass)를 지난 후 캐세드랄 레이크로 빠지는 갈림길을
   놓치기 쉽다. 갈림길에 표지판이 있는데 옆으로 비스듬히 쓰러져 있어 눈여
   겨보지 않으면 잘 보이지 않는다. 작은 캐세드랄 레이크를 지난 후 멀리 가지
   않아(약 15분 정도) 갈림길이 있으므로 작은 호수를 지난 후부터는 왼쪽을 주
   시하며 신경을 곤두세워야 한다.

2) 투올룸 메도우에서는 여러 지점에서 혼선을 빚을 수 있다. 내리막길을 내려
   오면 바로 도로를 만나게 된다. 도로를 만난 흥분에 갈림길을 그냥 지나치는
   수가 있다. 존 뮤어 트레일은 도로 만나기 바로 전 갈림길에서 오른쪽으로 이
   어진다. 비지터 센터(Visitor Center) 갈림길도 헷갈린다. 그대로 직진해도 투
   올룸 지역을 우회해서 존 뮤어 트레일에 합류할 수 있지만 JMT의 본류는 아
   니다. 그냥 비지터 센터로 내려서도록 한다.
   비지터 센터를 지나 도로로 나와 보면 우측으로 횡단보도 하나를 발견할 수
   있다. 이곳을 건너 도로 반대편으로 존 뮤어 트레일이 이어진다. 이후 강을
   하나 건넌 후 강과 초원을 따라 오른쪽으로 임도 같은 길을 걷다 보면 주차

장과 도로를 다시 만나게 된다. 도로 건너에 존 뮤어 트레일 표지판이 서 있고 길이 이어지지만, 식당과 마트를 이용하려면 오른쪽으로 꺾어서 도로를 따라 10여 분 내려가야 한다. 식당을 이용한 후에는 이 지점까지 다시 되돌아와 길을 이어가도록 한다.

▲ 투올룸 메도우 비지터 센타(Visitor Center), 이곳을 통과해서 도로를 건너야 JMT로 이어진다.

3) 원점으로 돌아와서 존 뮤어 트레일을 따라 걷다가 투올룸 레인저 사무실과 롯지 건물들을 지나면 작은 강 하나를 건너는 다리가 나온다. 이 다리를 건너면 강을 따라 좌측으로 빠지는 갈림길이 나오는데 여기서 절대 왼쪽 길로 가면 안 된다. 표지판에 가일러 레이크(Gaylor Lakes), 모노 패스(Mono Pass)라고 쓰여 있다. 여기서 꺾지 말고 그대로 직진해야 한다. 그러면 조금 더 큰 강과 두 개의 다리를 만나게 될 것이다. 다리를 건너 조금 더 직진하면 PCT와 JMT를 가리키는 이정표를 볼 수 있다.

4) 가넷 레이크(Garnet Lake)의 좌안을 따라 길을 걷다 보면 개울 위에 놓인 다리 하나를 건너게 된다. 다리를 건너면 커다란 바위 위인데 바위 앞쪽 너머로는 길이 잘 보이지 않고, 왼쪽으로 뚜렷한 길이 눈에 들어온다. 그러나 여기서 절대 좌측으로 빠지면 안 된다. 별다른 이정표가 없기 때문에 주의해야 한다. 그대로 직진해서 바위를 타고 넘은 후 호수의 좌안을 따라 계속 걸어야 한다.

존 뮤어 걷기 여행

⬤TIP 8. 하프 돔 등반

요세미티 공원의 랜드 마크라 할 수 있는 하프 돔은 높이가 2,698m에 이르는 거대한 화강암 덩어리이다. 하프 돔 하이킹만을 목적으로 요세미티를 찾는 사람들이 있을 정도로 인기가 많은 코스이다. 하프 돔을 오르는 일은 결코 쉬운 일은 아니지만 정상에 올라서면 요세미티 인근 사방을 모두 조망할 수 있기 때문에 큰 성취감을 얻을 수 있다. 그러나 존 뮤어 트레일 종주를 하는 여행자들은 체력을 비축할 요량인지 이곳을 그냥 통과하는 경우가 많았다.

하프 돔을 등반하기 위해서는 요세미티 국립공원 사이트에 들어가서 미리 예약을 해야 한다. 존 뮤어 여행자들은 처음에 허가서를 신청할 때 하프 돔 등반을 할 것인지를 묻는 항목이 있어서 여기에 인원을 적고 체크를 하면 별도의 예약을 할 필요가 없다. 요금은 1인당 8달러이며 나중에 윌더니스 센터에서 확정 퍼밋을 수령할 때 지불하면 된다.

리틀 요세미티 밸리 야영장을 지나 1시간 정도 가면 하프 돔으로 빠지는 갈림길이 나온다. 여기에 무거운 배낭을 벗어두고 보조가방에 귀중품과 물통만 챙겨서 길을 나서도록 한다. 하프 돔을 다녀오는 데는 왕복 3시간 정도가 소요된다.

처음에는 나무 숲 사이로 평탄한 길이 1km 정도 이어지다가 이어서 약간 가파른 암릉 길이 나타난다. 30분 정도 힘을 쓰면 철줄이 시작되는 안부에 도착할 수 있다. 경사각이 거의 60도에 이르는 엄청난 바위 앞에 서면 상당한 위압감이 느껴진다. 고소공포증이 있는 사람은 여기에서 만족하고 돌아서는 것이 나을지도 모르겠다.

철줄 시작점 바닥에 보면 선행자들이 벗어놓은 장갑들을 볼 수 있다. 반드시 장갑을 착용하도록 한다. 아침 일찍 요세미티를 출발한 당일 산행객들이 도착하는 오전 11시에서 오후 1시까지가 가장 붐비는 시간이며 이후에는 한산해진다. 붐비지 않을 때는 20분 정도면 정상까지 오를 수 있지만 사람이 몰리면 1시간 가까운 시간이 소요될 수 있다. 만약에 번개와 천둥이 치는 궂은 날씨라면 등반을 포기하도록 한다.

▲하프 돔 등반을 위해서는 꼭 장갑을 착용해야 한다. 다행히 선행자들이 벗어둔 장갑을 쉽게 이용할 수 있다.

●TIP 9. 송어 낚시

　존 뮤어 트레일 구간에는 강과 호수가 많기 때문에 송어 낚시에 도전해 볼 수 있다. 미국에서 낚시를 하려면 미리 인터넷(http://www.dfg.ca.gov)으로 허가증을 취득해야 한다. 소정의 요금을 지불하면 라이선스를 온라인으로 받아볼 수 있다. 낚시 관련 이야기는 송어 낚시를 전담했던 이주택 씨의 목소리로 들어보도록 하자.

　존 뮤어 걷기 여행 일정을 확정하고 구체적인 준비를 하는 과정에서 입수한 정보에 의하면 그곳의 강과 호수는 물 반, 송어 반이라는 이야기가 있어 지고 갈 음식 무게도 줄일 겸 우리도 낚시를 하자는 의견을 냈다.

　문제는 네 명 모두 루어 낚시는 해 본 경험이 전혀 없다는 것이었다. 왕년에 대낚시 좀 해 본 내가 그나마 경험자. '비가조아'(필자의 카페 닉네임)는 낚싯대 무게만큼 햄을 더 가지고 가는 게 차라리 낫지 않겠느냐고 했지만 일단 걱정 말라고 큰소리를 쳤다. 샌프란시스코에서 생활하신 적이 있는 박 원장님이 낚시에 필요한 퍼밋까지 받아 준다고 하니 이젠 빼도 박도 못하고 낚시를 책임져야 하는 상황이 되었다.

　낚시광인 친구한테 사정 얘기를 하고 도움을 청했다. 송어는 냉수성 어종이라 여름에는 낚시를 할 데가 없고 베스 낚시라도 함께 가면 낚시 기본은 가르쳐 준다고 하는데 그마저 시간이 허락하질 않았다. 어쩔 수 없이 친구한테 카톡으로 이론 교육을 받았다. 낚싯줄 매는법, 미끼 끼우는 법 등등. 인터넷으로 릴과 낚싯대를 주문하고 미끼 등의 채비는 친구가 사서 택배로 보내줬다.

　배낭에 낚싯대를 당당히 꽂고 드디어 존 뮤어 트레일로 출발. 마침내 둘째 날, 낚시를 할 수 있는 캐세드랄 레이크에 선발대로 도착했다. 도착하면 텐트 자리부터 확보하라는 '비가조아'의 부탁도 무시하고 낚시 준비 돌입. 오늘 저녁 메뉴가 송어 매운탕이니 어떻게든 잡아야 한다는 생각뿐. 호수에서는 마커채비에 에그(연어 알 모양의 루어)를 사용해 보라는 친구 말대로 준비하여 호수에 던지고 기다렸다.

아무리 기다려도 입질조차 없다. 자리를 이동하였으나 묵묵부답. 이거 물 반, 고기 반 맞는 건지……. 물속을 들여다봐도 새끼 물고기 하나 보이지 않고……. 건너편에 보니 한 사람이 낚시를 하고 있다. 가서 한수 배워보고 정 못 잡으면 한두 마리라도 얻어 볼 심산으로 호수 건너편으로 다가갔다. 나이 지긋한 현지인 차림의 한 분이 송어 다섯 마리를 잡고 철수 준비 중이다. 초보자라고 한수 가르쳐 달라고 하자 루어로는 안 되고 생미끼를 써야 한다고 팁을 주신다. 생미끼를 구할 방법이 없어 좀 얻자고 하니 지렁이 한 마리를 주시며 한마디 해 주신다. "인내를 가져라."

지렁이를 끼워 던졌지만 역시 입질조차 없다. 물이 얕은 거 같다고 했더니 그분 왈, 자기도 바지 걷고 호수에 들어가서 했다고……. 보아하니 그분도 하루 종일 낚시해서 겨우 다섯 마리 낚은 모양이었다. 고수의 말을 들어야지. 신발 벗고 바지 걷어 올리고 호수로 들어갔다.

갑자기 소나기가 쏟아지기 시작한다. 그렇다고 물러설 수는 없다. 어떻게든 입질이라도 한번 받자. 철수하자는 박 원장님의 말씀에도 먼저 가시라 하고 물속의 나무둥치에 걸려 넘어지면서도 꿋꿋이 버텼다. 그러나 야속한 송어들은 입질조차 없다. 얘들도 초보인 걸 아나? 텐트라도 쳐놨으면 뒤에 도착한 비가조아와 신 단장님이 비라도 피할 수 있었을 텐데……. 결국 그날 저녁은 매운탕 대신 라면 국물로 대신해야 했다.

▲ 캐세드랄 레이크에서 송어 낚시에 도전했지만 전혀 입질을 받지 못하고 철수하는 이주택 씨.

다음 날 새벽, 눈을 떴는데 비가조아가 호수에 비친 달빛이 너무 아름다울 것 같다며 달맞이를 나간다. 난 그럴 여유가 없다. 다시 낚시 채비를 들고 호수 끝까지 가 본다. 두어 시간 이리저리 자리를 옮겨 보고 미끼를 바꿔 봤지만 역시 허탕. 아쉬움만 남겨두고 캐세드랄 레이크를 떠날 수밖에 없었다.

다음 날, 리엘 강가를 따라 걷고 있는데 건너편에서 젊은 친구 두 명이 낚시를 하고 있다. "고기 좀 잡았나?" "그래, 40마리." 순간 눈이 번쩍. 일행들 먼저 가시라 하고 다시 낚싯대를 꺼내 바로 달려갔다. 물이 얕아 돌아다니는 작은 송어가 보였다. 씨알이 문제가 아니었다. 잡아야 한다는 일념뿐. 쓰다 남은 지렁이 반 마리를 몇 조각 내 미끼로 썼다.

드디어 입질. 흥분해서 바로 챘다. 허탕. 너무 일찍 챔질을 한 게 원인. 또다시 입질, 이번엔 낚였다. 그런데 아뿔싸! 물에서 끌어내리는 순간 물고기의 몸부림에 그냥 떨어져 버렸다. 붕어 낚시와 달리 미늘(바늘이 잘 빠지지 않도록 된 갈고리 모양)이 없어 쉽게 빠져 버린다. 끌어낼 때도 힘 조절을 잘해야 한다.

존 뮤어 걷기여행에 유용한 팁들

다시 입질. 이번에는 끌어 올렸다. 조그만 녀석이었지만 감동의 눈물이 날 지경이었다. 그런데 지렁이 미끼가 바닥났다. 루어를 써 봤지만 전혀 입질이 없다. 날은 어두워지고 할 수 없이 이번에도 아쉬움을 뒤로하고 앞서간 일행을 쫓아 헤드 랜턴을 켜고 발걸음을 재촉했다. 야영지에서는 벌써 저녁 준비까지 끝내고 나를 기다리고 있었다. 잔챙이 한 마리지만 자랑스럽게 보여주고 손질까지 해서 끓이고 있던 부대찌개에 풍덩! 이름하여 송어 부대찌개.

다음 날 야영지는 사우전드 아일랜드 레이크. 도착하자마자 역시 낚싯대를 들고 나섰다. 생미끼는 없고 이제부터 진정한 낚시꾼들이 한다는 루어 낚시다. 여러 가지 루어를 사용해 봤지만 입질조차 없다. 해는 넘어가고, 날은 추워지고, 입질은 없고. 걱정이 되었는지 비가조아가 우모복과 모자를 챙겨서 와 줬다.

아무래도 물 깊이가 문제인 거 같아 마지막이라는 심정으로 호수 쪽으로 길게 뻗은 바위 쪽으로 옮겨본다. 두 사람이 낚시를 하고 있다. 초보라고 한수 배우러 왔다 하고 몇 마리나 잡았느냐고 물으니 두 사람 모두 한 마리도 못 잡았단다. 그러면서 고기가 수면 위로 뛰는 거 봐서는 송어가 있기는 있는 거 같다고……

그때 친구한테 이론으로 배운 한 가지가 떠올랐다. 동틀 무렵과 해질 무렵에는 스푼(찻숟가락 모양의 루어)을 쓰면 효과가 좋다고 했다. 스푼은 던진 후 빨리 감으면 물위로 떠서 오고 감지 않으면 물속으로 가라앉기 때문에 송어들이 돌아다니는 깊이에 맞춰 적절한 속도로 감아주는 게 기술이다.

몇 번 속도를 조절하며 감아주고 있는데 낚싯대가 확 휘어진다. 손으로 전해오는 송어의 전율. 이 손맛 때문에 낚시꾼들이 낚시에 빠져드는 모양이다. 이틀간의 연습으로 챔질도 제때에 해서 빠뜨리지 않고 낚아 올렸다. 30cm쯤 되는 제법 씨알이 굵은 송어.

다시 낚시를 던지고 같은 속도로 감아주자 또다시 입질. 연타석 홈런을 친 기분이다. 옆에서 낚시하던 친구들이 와서 무슨 미끼를 쓰느냐고 묻는다. 크하하! 내가 가르쳐 주는 입장. 서너 번 던지자 또 입질. 그러나 좀 방심한 탓에 중간에서 빠져

존 뮤어 걷기 여행

버리고 말았다. 또다시 입질. 이번엔 성공.

십여 분 만에 씨알 굵은 송어를 세 마리나 낚다니. 내가 무척 대견스러워졌다. 네 명이니 네 마리만 잡자, 하고 낚시를 계속 했다. 그러나 이후는 입질이 없다. 해가 넘어간 탓인 듯했다. '오늘은 여기까지 하고 내일 동틀 때 다시 하자. 이젠 자신 있다.' 하고 철수했다. 야영지로 가면서 큰 소리로 외쳤다. "비가조아! 매운탕 끓일 준비 혀!"

"송어 매운탕, 안 먹어 봤으면 말을 말어. 하하." 매운탕을 먹으며 송어 낚시의 무용담을 자랑하며 이제는 자신 있다고 내일 새벽 실력을 보여주겠다고 했더니 비가조아 왈 "내일은 새벽 일찍 짐 싸서 출발합니다. 낚시할 시간 없어요." 이제야 좀 낚시 방법 좀 깨우쳤는데 이게 마지막이었다니……. ㅠ.ㅠ

● TIP 10. 야영에 대하여

1) 일반 수칙

야영지는 물가에서 30m 이상 떨어진 곳에 잡아야 한다. 누군가 한번 이용했던 자리를 권한다. 모닥불도 반드시 누군가 불을 한번 피웠던 흔적이 있는 자리를 이용해야 한다. 새로운 화덕을 만드는 것은 금지한다. 원래는 '모닥불을 피우되 흔적을 남기지 말라'가 규칙이었지만 현실적으로 그러기가 힘들기 때문에 수칙을 바꾸었다고 한다. 불은 반드시 주변에 떨어져 있는 죽은 나무를 이용해야 한다.

사실상 쓰레기나 휴지의 소각도 금지하고 있다. 모든 쓰레기는 모아서 가지고 내려와야 한다. 만 피트 이상의 고지대에서는 모닥불 피우기가 금지 사항이다. 요세미티 국립공원 지역에서는 모닥불 피우기를 비교적 자유롭게 허용하고 있지만, 도나휴 패스를 넘어 인요 국유림 자연보호구역(Inyo National Forest Wilderness)으로 넘어오면 기본적으로 모닥불 피우기가 금지되어 있다. 꼭 필요하면 따로 절차를 밟아 허가를 얻어야만 한다.

배변을 볼 때는 물에서 30m 이상 떨어진 곳에 15cm 이상의 깊이로 구덩이를 파고 시행해야 한다. 뒤처리를 한 휴지는 같이 묻으면 안 되고 제공받은 퇴비화 용기(composting toilets)에 넣어 회수해야 한다.

존 뮤어 걷기 여행

▲ 야영은 가급적 파이어 링이 이미 설치되어 있는 곳을 택한다.

2) 밥하기

물은 존 뮤어 길 전 구간에서 쉽게 구할 수 있다. 수낭(Water Bag)을 사용하여 물을 다량 확보하면 자주 왔다 갔다 하는 불편을 덜 수 있다. 물은 쉽게 끓어오르는 데 비해 쌀이 잘 익지를 않아서 아주 애를 먹었다. 이천 미터 이상의 고산 지대에서 밥을 지으려면 일반 산에서의 밥 짓기와 조금 다른 방법이 필요하다.

일단 물을 적정 밥 물량의 두 배가량 넣어줘야 한다. 훨씬 더 오랜 시간 동안 끓여줘야 하기 때문이다. 물이 끓어오르면 밥물이 넘치게 된다. 이때는 뚜껑을 열고서 수저로 위아래를 뒤집듯이 두세 차례 섞어줘야 한다. 그래야 삼층밥이 되지 않는다. 얼추 밥물이 안정화되고 거품이 수그러들면 뚜껑을 닫고 무거운 돌을 위에 올린 후 아주 낮은 불에서 오랫동안 뜸을 들인다. 만약 이렇게 했는데도 밥이 설익었다면 국이나 라면을 끓일 때 함께 넣고 더 끓여주는 방법도 있다.

사실 이보다 훨씬 간편한 방법은 미리 한 번 쩌서 말린 쌀인 알파미를 이용해서 밥을 짓는 것이다. 이 생각을 안 해 보았던 것은 아니다. 여행을 떠나기 전에 건조 전투식량을 취급하는 인터넷 몰에서 알파미를 구입하여 테스트를 해 보았으나 맛이 현저히 떨어져서 포기했다. 만약 밥맛이 좋은 알파미 브랜드를 찾을 수 있다면 이 방법을 적극 권하고 싶다.

3) 식단

제일 관건은 무게이고 그다음은 물리지 않는 다양성이다. 기본 식량은 라면이 되겠지만 같은 라면만 먹는다면 그것도 물릴 수가 있다. 너구리, 신라면, 꼬꼬면 등 다양한 브랜드를 가져간다. 짜파게티와 너구리를 함께 끓이는 짜파구리도 아주 별미이다. 아침에는 건조 즉석 국이 시원하고 좋았다. 미역국, 시금치된장국, 육개장 등 여러 종류의 즉석 국들이 현재 시판되고 있다.

저녁에 미리 아침 먹을 밥까지 함께 짓는다면 아침 식사 시간을 절약할 수 있다. 밥은 반드시 비닐 팩이나 락앤락 통에 옮긴 후 곰통에 보관해야 곰의 습격으로부터 보호할 수 있다. 코펠 바닥에 조금 남은 밥은 누룽지를 끓여 먹거나 물을 많이 넣고 숭늉을 끓여 다음 날 식수로 이용하도록 한다. 그 밖에 점심 한두 끼는 미숫가루로 때우거나 낚시를 좋아한다면 송어를 잡아서 식량으로 이용할 수 있다.

존 뮤어 걷기 여행

식단표 예

	아침	점심	저녁
7월 20일			식당 매식
7월 21일	식당 매식	햄버거(미리 구입)	베이컨, 햄 볶음밥
7월 22일	황태미역국	너구리	신라면
7월 23일	누룽지	샌드위치(매점)	부대찌개
7월 24일	김치찌개	짜파구리	송어 매운탕
7월 25일	시금치 된장국	미숫가루	스테이크 + 맥주
7월 26일	호텔 조식	식당 매식	휴게소 매식

4) 추천 야영지

첫날: 하프 돔 갈림길에서 10분 정도만 진행하면 작은 개울을 만날 수 있다. 개울 못미처 길 오른쪽으로 몇 군데 야영할 만한 자리들이 있지만 음습하고 모기들이 많아서 별로 권하고 싶지 않다. 좋은 자리는 길 왼쪽 언덕 위이다. 조망도 트이고 바위들이 있어 훨씬 아늑하고 쾌적하다. 첫 번째 만나는 개울을 지나 좀 더 진행하면 선라이즈 크릭(Sunrise Creek)이 이어지는 물줄기를 만날 수 있는데 이 주변에서도 야영이 가능하다.

둘째 날: 시간이 많은 여행자라면 하이 시에라 캠프(High Sierra Camp)가 있는 선라이즈의 백패커스 캠핑장을 이용해도 좋다. 그러나 점심때면 도착하게 되는 그곳에서 하루를 그냥 보내기는 너무 무료하지 않을까?

좀 더 진행하여 캐세드랄 레이크(Cathedral Lake)까지 가도록 한다. 본문에도 밝혔지만 존 뮤어 트레일에서 1km 정도 곁길로 빠져나와야 한다. 호수 초입의 바위 주변도 야영하기 좋고, 호수를 따라 안쪽으로 들어가면 숲 속에 좋은 자리들이 많이 있다.

셋째 날: 리엘 협곡(Lyell Canyon)과 강을 쭉 따라가다 보면 아이어랜드 레이크(Ireland Lake)로 빠지는 갈림길이 나오고 여기서 두 시간 정도 더 가면 맥루어 크릭(Maclure Creek)과 만나는 지점에 이르게 된다. 이곳에 좋은 야영지들이 몇 군데 있다. 여기까지 오지 않아도 오다 보면 중간에 강 우측으로 바위지대 위에 야영할 만한 좋은 자리들이 있으므로 마음에 드는 장소를 발견하면 야영을 결정한다.

▼ 도나휴 패스 오르기 전의 호숫가에 자리 잡은 멋진 야영지

만약 조금 이른 시간이라면 맥루어 크릭을 지나 도나휴 패스 방향으로 좀 더 진행하도록 한다. 비탈길을 따라 사오십 분 정도 올라가면 리엘 강의 발원지라 할 수 있는 작은 호수가 나타나고 이 호수 주변에 환상 적인 야영지가 존재한다. 정말 멋진 곳이다.

넷째 날: 사우전드 아일랜드 호수(Thousand Island Lake)를 적극 추천한 다. 존 뮤어 길 구간 중에 최고의 경치를 자랑하는 곳이다. 호수 입구 주변은 야영 금지구역이다. 호수 오른쪽으로 난 길을 따라 안쪽으로 들어간다. 1km 정도 들어가면 언덕 위쪽에서 전망 좋은 야영지들을 발견할 수 있을 것이다. 그러나 이곳은 곰이 다빈도로 출현하는 곳이 니 반드시 밤에는 곰통 관리를 철저히 해야 한다.

사우전드 아일랜드 호수에서 한 시간 정도 더 가면 만날 수 있는 가네 트 호수(Garnet Lake) 주변도 좋은 야영지가 많다. 만약 아침에 좀 더 느 긋하게 일어나서 레즈 메도우까지 여유롭게 걷고 싶은 여행자라면 가 네트 호수가 더 나은 선택일 수도 있다.

●TIP 11. 곰 대처법

'요세미티'라는 말 자체가 인디언 언어로 '곰'에서 유래되었듯이, 요세미티 국립공원은 곰이 자주 출몰하는 '곰의 나라'라고 할 수 있다. 매년 곰의 피해가 적지 않게 발생하고 있어 전년도의 피해 상황을 게시판에 게시하고 있을 정도이다. 우리도 일주일 여행하는 기간 동안 세 번이나 곰과 관련된 일을 겪었다. 다행히 요세미티에는 사납고 덩치 큰 회색곰(Grizzly Bear)보다는 좀 더 온순하고 덜 공격적인 흑곰(Californian Black Bear)이 주류를 이룬다고 한다. 그렇더라도 절대 마음을 놓을 수 없는 위험한 녀석들이므로 경계를 게을리 해서는 안 되겠다.

▲ 곰 다빈도 출몰 지역을 표시한 그림 지도

존 뮤어 걷기 여행

첫째, 숲길을 걸을 때는 서로 이야기를 하거나 노래를 부르며 나의 존재를 곰에게 알려야 한다. 조용히 걷다가 불쑥 마주치게 되면 곰도 당황스럽기는 마찬가지일 것이다. 물론 그렇다고 과도하게 소음을 만들어서 숲 속을 소란스럽게 하라는 말은 아니다. 그래서 가급적 존 뮤어 여행은 혼자 하는 것보다는 몇 명이 그룹을 이루어 하는 것이 안전하다는 생각이다.

곰과 마주쳤을 때는 등을 보이고 도망치지 말아야 한다. 흥분한 곰이 추격해 올 경우 절대 곰의 속도를 이겨낼 수 없다. 죽은 척하라는 말도 잘못된 상식에 불과하다. 곰의 발길질에 걸레가 될 수 있다. 가스총이나 후추 스프레이로 어설프게 곰을 자극하는 것도 좋지 않다.

가장 좋은 방법은 눈을 주시한 채 천천히 뒷걸음치며 그 자리를 벗어나는 것이다. 곰도 위협을 가하지만 않는다면 이유 없이 인간에게 덤벼들지는 않는다.

곰이 주로 활동하는 시간은 저녁 어스름과 새벽녘이라고 한다. 특별히 이 시간에 물을 마시러 오는 경우가 많기 때문에 물가에서는 더욱 주위를 기울여야 한다. 식사 때 너무 자극이 강한 냄새가 나는 요리(송어 매운탕 같은)는 삼가고, 텐트에 들어갈 때는 옷에 밴 냄새들을 모두 제거하고 들어가야 한다. 곰통 관리에 철저해야 하며 배낭이나 텐트 안에 절대 음식물을 들여서는 안 된다.

곰에 대한 수칙들을 숙지하고 있더라도 직접 곰과 마주치게 되면 무척 당황하게 되는 것이 사실이다. 호랑이에게 물려가도 정신만 차리면 산다는 속담을 떠올리며 침착하게 대처하도록 하자.

신발: 가장 편한 신발이 가장 좋은 신발이다. 바위를 오르내리는 험한 지형은 거의 없으므로 가볍고 편한 신발이 좋겠다. 길이 대부분 흙과 굵은 모래가 섞인 푹신한 길이라 걷다보면 굵은 모래가 신발 속으로 자꾸 들어온다. 짧은 스패츠나 각반(Gaiter)을 이용하면 이런 불편함을 방지할 수 있다.

옷: 30도에서 0도까지의 기온에 대비해야 한다. 반팔, 반바지를 비롯해서 긴팔, 긴 바지와 방수 재킷, 구스다운 재킷이 모두 필요하다. 양말 여유분과 수건을 준비하고 빨랫줄을 가져가면 중간에 빨아서 말려 입기에 아주 유용하다. 덜 마른 양말은 배낭 뒤에 매달고 걸으면 금방 마른다.

존 뮤어 걷기 여행

침낭: 어떤 이는 여름 침낭만으로도 충분하다고 써 놓았지만 필자의 경험으로는 다운 함량 500g에서 700g 정도의 춘추용 침낭을 가져가는 것이 안전하다고 생각한다. 요세미티에서의 첫날은 괜찮지만 둘째 날부터는 밤 기온이 상당히 떨어진다. 심지어 살얼음이 얼기도 한다.

텐트: 여행 가기 전에 많이 고민했던 부분이다. 필자는 국내에서도 비박 산행을 자주 하지만 텐트를 선호하지 않는다. 하늘의 별을 보면서 볼에 부딪는 바람을 느끼면서 잠을 자는 것이 진정한 비박이라고 생각하기 때문이다. 그러나 곰이 출현하는 그곳에서 텐트 없이 침낭 커버만 가지고 비박을 감행하는 것은 무모한 일이다.

무게 부담을 고려하면 타프만 가져가서 치고 자는 것도 생각할 수 있겠지만 악천후에 대비한다면 역시 텐트가 답이다. 텐트는 설치가 간단하고 최대한 가벼운 것을 선택하도록 한다. 요즘은 싸고 질 좋은(2인용 텐트 무게가 1.6kg에 불과한) 텐트가 많이 나와 있다.

버너: 석유버너, 가스버너 모두 사용 가능하다. 여행을 떠나기 전에는 고산 지대에서 일반 가스버너가 정상적으로 작동될까 불안한 마음이 있었지만 아무런 문제 없이 사용할 수 있었다. 가스 캔은 비행기 수하물에 실을 수 없으므로 요세미티 공원 안의 등산 장비점에서 구입하도록 한다. 라이터는 휴대하고 기내에 들어갈 수 있다.

정수기: 존 뮤어 길 위의 개울물과 호수는 무척 맑고 깨끗하지만 동물의 배설물이나 사체 등을 통한 감염(기생충이나 원충류)의 위험이 항

상 존재한다. 그래서 물은 가급적 정수를 해서 마실 것을 권한다. 가장 좋은 방법은 물을 끓여서 먹는 것이다. 5분 이상 팔팔 끓이면 완벽하다. 여기에 옥수수차나 녹차 티백을 엷게 우린다면 최고의 식수가 될 것이다.

요오드나 염소 등의 약품을 사용하여 화학적으로 소독하는 방법도 있지만 물맛이 좋지 않고 특유의 냄새를 동반하는 단점이 있다. 일반적으로는 가압식 펌프가 장착된 휴대용 정수기를 이용하여 물을 정수한다. 필터식보다는 단시간에 많은 물을 정수할 수 있는 장점이 있다. 최근에는 UV 라이트를 이용한 멸균식 정수기도 나와 있다. UV 라이트가 들어오는 막대 봉을 물통에 1분 정도 담가두면 되는 아주 간단한 정수기이다.

2010년에 시행된 한 조사에 따르면 존 뮤어 여행자들의 절반가량이 정수를 하지 않고 그대로 물을 마신 것으로 밝혀졌다. 사실은 필자도 급할 때는 정수하지 않은 물을 그냥 마시기도 했지만 현재까지는 아무 문제도 발생되지 않고 있다. 모든 선택은 확률 게임이고 본인의 책임이다.

▲ 휴대용 멸균 정수기를 이용해 열심히 정수 중인 박 원장님

존 뮤어 걷기 여행

모기 기피제, 모기망: 반드시 필요하다. 시중에 스프레이 형태로 나와 있는 것을 구입한다. 용량이 작은 것들은 비행기 반입이 가능하다. 얼굴에 뒤집어 쓸 수 있는 형태의 모기망도 필요하다. 가는 알루미늄 프레임이 들어가 있고 작게 접을 수 있는 제품이 실용적이다.

그밖에 필요한 것들: 스틱, 사진기, 선크림, 선글라스, 헤드 랜턴, 배터리 여분, 슬리퍼, 치약, 칫솔, 수저 세트, 두루마리 휴지, 물티슈, 여분의 비닐 팩, 간이 의자, 캠핑 매트, 빨랫줄, 비상약, 실, 바늘 등

⬤TIP 13. 기타

1) 비상약으로는 해열제, 진통소염제, 소화제, 지사제, 두드러기 약, 물파
   스, 반창고, 압박붕대, 대일밴드, 소독약, 피부연고가 필요하다.

2) 물집이 잡혔을 때는 소독한 바늘에 실을 꿰어 물집을 통과시킨 후 배액
   을 위해 실을 남겨두도록 한다. 다음 날도 실을 제거하지 말고 그대로
   운행하는 것이 물집 방지에 좋다. 미리 물집 방지용 밴드나 딱풀처럼 생
   긴 물집 방지 약(Anti-Blister, Foot Glide)을 바르는 것도 도움이 된다.

존 뮤어 걷기 여행

존 뮤어 트레일 거리 및 고도표

John Muir Trail itinerary

Location	Mileage	Elevation (feet)
Happy Isles	0	4,035
Mist Trail	1.0	4,550
Panorama Trail	3.3	5,950
Little Yosemite Valley	4.7	6,150
Half Dome Trail	6.2	7,000
Clouds Rest Trail	6.7	7,200
Merced Lake Trail	8.6	8,100
Forsyth Trail	8.7	8,150
Sunrise Camp	13.7	9,400
Echo Creek Trail	14.7	9,450
Cathedral Pass	15.7	9,700
Cathedral Lake Trail	17.8	9,500
Tuolumne Meadows Trail	20.8	8,550
Glen Aulin Trail	22.3	8,600
Tuolumne Meadows Ranger Station	23.9	8,700
Parker Pass Trail	24.7	8,700
Rafferty Creek Trail	25.6	8,750
Vogelsang Pass Trail	29.8	8,800
Lyell Fork Base Trail	32.8	9,000
Lyell Fork Bridge	34.0	9,700
Lyell Headwaters	34.8	10,200
Donohue Pass	36.7	11,050
Marie Lakes Trail	39.0	10,030
Rush Creek Trail	39.8	9,600
Island Pass	41.0	10,200
Thousand Island Lake	43.0	9,834
Garnet Lake	44.7	9,680
Ediza Lake Trail	47.6	9,030
Shadow Creek Trail Bridge	49.2	8,750
Rosalie Lake	50.2	9,350
Gladys Lake	50.9	9,600
Lower Trinity Lake	52.7	9,180
Johnston Meadow	54.7	8,120
Mammoth Trail	56.2	7,550
Devil's Postpile National Monument	56.6	7,550
Red's Meadow	57.3	7,600

존 뮤어 걷기여행에 유용한 팁들